I0704613

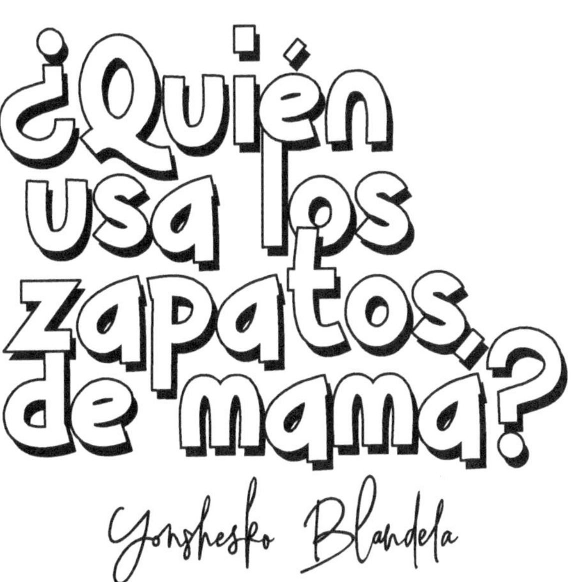


Yonshesko Blandela

Yonshesko Blandela

¿Quién usa los zapatos de mamá?
*Yonshesko Blandela*

Primera edición, México 2024
© 2024 Derechos Reservados, Franko Yoshua de Jesús Pineda Balcázar.
ISBN: 9798341249806
Número de Registro: 03-2024-102309480200-01

Diseño de portada e ilustraciones: Franko Yoshua de Jesús Pineda Balcázar.
Contacto y ventas:
frankoypineda@gmail.com
yonsheskoblandela@gmail.com

Agradecimiento especial a:
Miguel Cabanillas, Melissa Sánchez, Mariné Corral, Miguel Lagsi
y Aitzel Castellanos por sus aportaciones para mejorar este libro.

*Para todos esos niños, niñas y niñes que se puedan identificar.*

*Para aquel niño que no salía a la calle, que jugaba solo, que no se despeinaba, que se portaba bien, que era "un niño grande" viviendo en su propio mundo fantástico para no ser lastimado...*

*Para mi niño interior.*

*Para mis niños.*

"**A**ntonio, ¡quítate mis zapatillas", gritó mamá desde la cocina cuando escuchó a mis hermanos chiflando, muy divertidos, al verme desfilar por las escaleras.

Camino sobre los escalones de madera, de arriba a abajo y luego de abajo a arriba, de una planta a otra, contoneándome, haciendo poses o tirando besos cada vez que llego al último escalón.

Es lo más parecido a una pasarela, o como cuando una superestrella de cine desfila por una alfombra roja al llegar a una entrega de premios y los fotógrafos disparan los *flashes* de sus cámaras. Todos te hablan al mismo tiempo, queriendo un poco de tu atención, aunque no le haces caso a nadie, tú sigues sonriendo, mirando al frente. Tal vez un guiño a alguien del público. Gritos y aplausos. Luces y brillos. Sonríes elevando tu rostro al cielo.

Un sueño cumplido, aunque solo sea en mi imaginación, jugando en la sala de la casa, con mis hermanos fingiendo ser mis fans, aunque ellos no saben que también están jugando, que son mis cómplices.

— Antonio.

Se escucha el repique de los fabulosos tacones que porto en mis delicados pies.

*Toc, toc, toc.*

Mamá, que salió de la cocina por curiosidad al escuchar a mis hermanos, me mira incrédula y espera que haga caso a su reclamo. Sin embargo, yo sigo pavoneándome por los escalones modelando una sábana primaveral que me puse como vestido; la sábana amarilla de pequeñas flores rojas y naranjas que mamá colocó en mi cama la semana pasada y que, según dice, le costó carísima cuando se la compró a una vecina por catálogo. Aunque hay otras sábanas, esta es mi favorita, tal vez por el color o quizás por la tela tan suavecita; como sea, siempre huele delicioso.

Por si fuera poco, es la primera vez que me peino tan detalladamente, ni un minúsculo cabello sale de su lugar;

me terminé el frasco grande de gel que mi hermano mayor guarda debajo del lavabo del baño de la segunda planta. Y en las mejillas y los labios un ligero tono rosado obtenido de una mezcla de flores de bugambilias trituradas que recogí del árbol que tenemos en el jardín de nuestra casa.

— Dame esas zapatillas, ¿crees que te ves muy "bonito" con ellas?

— Por supuesto. — Respondo con valentía, presumiendo el largo de la tela que arrastraba algunos metros sobre las escaleras, llegando casi al último escalón. — Y mira, qué bello mi vestido, es mi favorito.

— No puede ser, mi sábana nueva ya está toda percudida de las orillas, eso no se le va a quitar, aunque le talle fuerte o le ponga vinagre. — Mamá se lamenta. — Dame acá, no quiero que la vayas a romper.

Yo sonrío descaradamente retando a mamá que me mira con el rostro pálido y una mueca acartonada en una mezcla rara de risa nerviosa y horror.

— No seas igualado. Grosero. Como tú no lavas. Ay, no puede ser. ¿Y qué es eso que traes en la boca? ¿Labial? ¿También tomas mis pinturas? Pero si el neceser está arriba del ropero, ¿cómo te subiste? Te podrías caer.

— No, es solo un poquito de color de las flores, mira... — Paso la mano por mis labios para que desaparezca, pero no sucede. El color está impregnado en mi piel.

A mamá parece no importarle. Ella habla mucho y no escucha lo que digo, está más preocupada por el percudido de la sábana. Ya la conozco bien, así que continúo en mi fantasía. Me siento como una hermosa modelo en una pasarela de moda usando los atuendos de un distinguido diseñador internacional. No, son mis propios diseños. Sí, claro. ¿Y por qué no? Haré mis propios vestidos. Ya me estoy imaginando las hermosas creaciones que haré.

En el público, mis hermanos, primero aplauden, festejan mi triunfo en la pasarela, ahora solo miran la escena. Parecen estatuas de marfil. No se mueven, no respiran. Están congelados, esperando una pelea colosal, una que ya tenía tiempo que se anunciaba con bombo y platillo y que, al fin, tiene lugar, fecha y hora.

— Dame la sábana y quítate mis zapatillas...

Mamá se inclina, alcanza a tomar una de las orillas de la sábana y al jalarla me la quita, descubriendo mi playera de tirantes y un short viejo que fue de uno de mis hermanos y que ahora uso de pijama. Mis piernas se tambalean, casi pierdo el equilibrio.

La miro indignado, sosteniéndome del barandal de la escalera, como cuando la villana de la telenovela de la noche mira asechando a la "buena" de la historia. La villana sabe que está haciendo las cosas mal, pero nunca lo va a aceptar; es tan obstinada. Ella siempre se saldrá con la suya. Hasta que la villana sabe que está perdiendo la batalla y ahora tiene que suplicar por su vida.

— Mamá, pero si a mí me gusta usarlas. ¿Puedo traerlas puestas un rato más? Por favor.

— No. Si tu padre te ve así se va a infartar y no sé qué me dirá a mí por permitirte tanta desfachatez.

— Pero, yo quiero traerlas puestas.

Mamá se percata de algo en ese momento. Una estela de humo oloroso a carbón la llama. Se escucha el chillar del aceite sobre el sartén. Algo se está quemando. Se regresa a la cocina prácticamente corriendo y al mismo tiempo tira la sábana al suelo. Me apuro, la recojo y mi vestido floreado regresa. Lo huelo, sigue oliendo a primavera. Escucho a lo lejos su voz apresurada: «Se quema, se quema». Punto a mi favor. Me siento victorioso, así que voy de regreso escalones arriba y de nuevo escucho su voz.

— Antonio, ven acá, no hemos terminado.

Me detengo. Mamá deja lo que está haciendo en la cocina y, entre la estela de humo, regresa para intentar quitarme el calzado. Sube algunos escalones para alcanzarme. Yo la esquivo.

— Dame eso...

— ¡No!

Corro algunos escalones arriba.

— Antonio...

— Soy *Antoine*.

— Antu... ¿qué? No empieces con eso, te llamas Antonio.

— Pero quiero llamarme *Antoine*.

Mamá suspira fuertemente.

— Ya tienes 11 años, déjate de jueguitos. Es hora de que madures.

— Siempre me dices eso...

— Lo digo porque así debería ser, pero te empeñas en ser quien no eres.

— ¿Cómo? —Estoy confundido, no logro comprender qué es lo que me quiere decir mamá. — Si soy yo. Así quiero ser. Así he sido siempre.

— ¿Un payaso con tacones? — Mamá suelta una risa burlona. — El circo se fue de la ciudad hace dos semanas, que, por cierto, a tus hermanos y a ti ya no les gusta ir porque, según, eso es para niños. Y ustedes dicen que ya están grandes. Antes disfrutaban el *show* de los payasos y ahora se están convirtiendo en ellos. Sí, cómo no. Mira cómo te comportas. Ya es hora de que vuelvas a la realidad. Eres solo un chiquillo testarudo, engreído y caprichoso. Quítate mis zapatillas, por favor.

— ¡No quiero!

— Si llega tu padre y mira este espectáculo se va a enojar. Y ahora sí, no sé qué pasará. Esta vez no meteré las manos al fuego por ti.

Guardo silencio y la miro sin parpadear. Esto es injusto. Pero lo acepto. Siempre me defiende cuando alguien me señala asegurando que solo estoy jugando, que es una etapa, que así le pasó al hijo de una vecina de su prima lejana que vive a dos horas de distancia de la casa de una comadre, y algunas otras veces me dice otros cuentos parecidos. Ejemplos que no ayudan en nada y que solo me confunden más.

— ¡Que no! — Respondo fuerte.

— Ay, no. Ya me estoy cansando. Yo no sé qué pasará contigo, Antonio. Pasas todo el día disfrazándote y haciendo tonterías. Además, te has vuelto muy grosero.

— Pero si solo estoy jugando...

— No me obedeces. Parece que estoy pintada en la pared. A tus hermanos, por lo menos, los llamo y me contestan, pero tú... — Mamá sigue hablando sin escucharme, se dirige a mí, pero no me mira. Mueve su mano con entusiasmo. Se mueve de un lado al otro y habla con una voz falsa, muy aguda, como esas malas actrices que salen en los programas que tratan problemas de mujeres y que, al final, aparece una flor mágica y todo se resuelve. — Si tu papá se molesta y te dice algo que no te agrade, yo no te voy a defender.

— Eso ya lo dijiste.

— Al parecer aún no lo entiendes.

— Es que solo estoy jugando.

— Los niños no juegan así...

— ¿Así?

— Ay, hijo...

— Yo quiero jugar así...

— Mira, después de comer te dejaré que vayas con Polito, el hijo de Dolores, la vecina de los catálogos; le pides los recientes, quiero ver si vienen los nuevos productos que necesito para el baño y, de paso, buscar sábanas, al menos una nueva, porque esta que traes puesta está toda percudida. — Mamá mira la sábana que traigo de vestido, la revisa de arriba abajo y continúa hablando muy rápido, parece que no respira.

— Qué vergüenza. Además, Polito tiene un balón de futbol y otros juguetes, y el patio de su casa está muy amplio, no tiene tantos cachivaches como nosotros. El otro día vi que su papá le construyó una portería con unas tablas y le puso una red; es una portería igualita a las de los partidos que ve tu papá los domingos en la tele. Ahí está, con él puedes jugar. O si no, saca los arreos de beisbol de tus hermanos y juega con Polito, a lo mejor le gusta el *beis*. Qué sé yo. Anda, vamos afuera, ahorita le llamo a Dolores para que deje salir a Polito. ¿Dónde anoté el teléfono?

— ¿Qué? No. A él no le gusta jugar conmigo. La última vez que salimos a jugar en el patio me empujó en cuanto tuvo oportunidad, parece que nada de lo que digo o a lo que yo quiero jugar le gusta, y después me dijo palabrotas que ni siquiera entiendo, de esas que a veces dice Silverio.

Mamá hace una mueca, voltea con mi hermano y lo mira con autoridad, como cuando la villana de la telenovela mira a su próxima víctima. Silverio me observa desde el sillón mordiendo una de sus papas fritas con fuerza y yo sé que me está diciendo en su mente: «Vas a ver, enano, nomás te agarro».

— ¿Polito? No creo. Estás exagerando. Es un niño muy bien portado. Nunca he escuchado que sea majadero...

— Eso dices porque no lo conoces.

— Claro que lo conozco. Cuando voy de visita a su casa siempre está ahí quietecito viendo la tele.

— O tramando travesuras...

— Ay, ya, no seas pesado, así juegan los niños. Son rudos, toscos...

— Yo no soy así.

— No, pero... No pasa nada. Es más, eso te servirá para que seas más fuerte. Necesitas hacer ejercicio, eres muy delgado. Además, te hace falta un poco de sol. Estás medio pálido también. Vamos. — Mamá estira su mano para que yo la tome.

— Que no quiero. A mí no me cae bien Polito, no me gusta el futbol y mis hermanos se molestan si tomo los arreos de beisbol. Además, me molesta el sol. Mejor juego aquí adentro de la casa, a que estoy en una pasarela, que luzco fabuloso y que la gente me admira, si no puedo jugar en las escaleras, entonces lo hago en mi habitación.

Mamá guarda silencio, traga saliva y me regresa una mirada brillosa.

— Son inventos tuyos. Siempre quieres hacer tu voluntad. Ya te dije que no quiero que juegues solo en eso que llamas habitación, que solo son cojines cubiertos de trapos agarrados de la pared.

— Ah, ya sé. Tal vez puedo hacer la pasarela en el jardín si me pongo lentes oscuros o un sombrero. — Continúo soñando despierto. — ¿Me puedes prestar los lentes que dejó la tía Marina la semana pasada? Esos que tienen los diamantes pequeños en el armazón. Los que dijo que se los compró en la luna de miel.

Mamá se esfuerza en no contestarme. Cada vez que hablo de la tía Marina parece molestarse. Las cuñadas que no se caen bien, pero tienen que aparentar que son las grandes amigas. Aunque para mí, la tía Marina es LA TÍA, así, en mayúsculas. La única persona de mi familia a la que no necesito decirle nada para que sepa con exactitud qué me sucede.

Aquella vez en la que mis papás organizaron una carne asada en casa, vinieron todos mis tíos con sus esposas e hijos, algo que nunca me ha emocionado mucho. Un familión, dijera papá. Cada una integrada por cuatro o cinco personas, todos ruidosos, todos con gustos similares, afines a ellos, no a mí. Yo me siento invisible.

La abuela fue la primera en llegar y, como era su costumbre, no dejaba de molestar y quejarse por todo, nada le parecía bien: que si la casa no estaba lo suficientemente limpia, que si las sillas o las mesas estaban chuecas, que si la carne no era de la mejor calidad, que ella ya le había comentado a mamá dónde comprarla, que si la hora de la reunión era a destiempo, que ya no estaba ella para andar de casa en casa y un montón de excusas. Mejor ni me acerco.

Más tarde llegó la tía Marina con su novio, ya prometido para ese entonces, aunque todo mundo preguntaba por Regina, la mejor amiga de la tía, quien nunca se le despegaba y a la que mis primos, mis hermanos y yo le decíamos de cariño tía Reja. «Tengo rato que no la veo», contestó la tía sin darle mucha importancia a los cuestionamientos de las esposas de mis tíos. Luego su novio comenzó a saludar a todos de mano y a olvidarse del tema. Era la primera vez que veía una ligera sonrisa en la cara de la abuela, sobre todo al abrazar a Joaquín, el novio de la tía Marina. Segundos después del abrazo, la sonrisa se convirtió en mueca, mirada por encima del hombro y en ceja levantada. Una cara de bruja de cuento, la misma cara que tenía cuando llegó a casa. Qué mujer tan amargada, solo le falta tener piel verde como una bruja, pensé.

Mis hermanos convivían con nuestros primos, jugaban a tirarse la pelota de beisbol y a cacharla. Los primos son de la misma edad que mis hermanos, parece que los tíos acordaron tener hijos al mismo tiempo. Solo mis primas, las gemelas, son más pequeñas que yo por meses, son las más chicas de la familia y la abuela las adora.

Papá parecía muy complacido, brindaba con mis tíos mientras asaban la carne. Esteban, mi hermano mayor, estaba con ellos, con los mayores, al ser el nieto más grande de todos. Traía un vaso rojo en la mano que se llevaba a la boca y bebía algo que no le gustaba mucho, porque hacía gestos cada que ponía sus labios en el vaso y terminaba con espuma pegada debajo de la nariz, en el bigote, pero parecía darle gusto a todos los que lo rodeaban porque los otros también bebían algo de un vaso igual. Luego, uno de los tíos lo abrazaba, como felicitándolo. Si ni siquiera es su cumpleaños, pensé.

La reunión ideal de la familia perfecta.

Mamá se la pasó corriendo. Entraba y salía de la casa como si estuviera participando en un maratón; sacaba verduras del refrigerador y las picaba, buscaba cosas en la alacena, abría y cerraba cajones. Había comprado vasos y platos desechables para todos, bandejas o lo que fuera para que la familia política estuviera cómoda. Se desvivía por atender a la abuela, a pesar de sus desplantes. Y papá le hacía señas a mamá y le daba indicaciones cada vez que se le acercaba a la abuela.

También estaban las esposas de mis tíos, pero ellas solo charlaban sentadas bajo la sombra, quejándose del clima o de los malos tratos que recibió una de ellas en un restaurante. Otra de ellas se ofreció a ayudar, pero mamá le contestó que las visitas eso eran, que disfrutaran la tarde, el calorcito les dijo, y ellas muy contentas sentadas a un lado de la abuela, hablando entre dientes, mirando todo minuciosamente.

En cambio, la tía Marina, la hermana más pequeña de papá y la única mujer, trataba de desafanarse de su prometido. Se notaba incómoda. Se miraba más contenta cuando venía a la casa con la tía Reja; con ella no dejaba de reír, organizaban juegos con los sobrinos, bailaban o jugábamos juegos de mesa. Yo me sentía contento con ellas. Más tarde, la tía Marina y su novio se apartaron de todos, discutían, según en voz baja para que nadie se enterara, pero yo escuché todo sin que ella se diera cuenta. Reclamos que no soy capaz de comprender del todo. Un rato después, el novio charlaba con sus cuñados con bebida espumosa en mano, risa y risa, como si nada hubiera pasado y la tía Marina desapareció. Qué raros son los adultos, yo nunca me casaré, pensé.

Momentos después vi a la tía Marina en la cocina ayudando a mamá a servir platos de comida, aunque ella ya le había dicho que no necesitaba ayuda, la tía no hizo caso y se dispuso a ayudar. «Eres igualito de terco que tu tía», me dijo mamá alguna vez. Mamá le repitió que no la necesitaba, que saliera a atender a su novio, pero la tía Marina le respondió que su novio iba a sobrevivir solo. «No pasa nada, mujer», decía muy segura.

Yo miraba desde lejos, escondido tras un arbusto de pequeñas flores moradas, crecido en una de las macetas del jardín que estaba directo a la puerta de la cocina, mientras que mis primas, las gemelas, jugaban con muñecas a unos cuantos metros de mí. Una de ellas, la más alta, lideraba el juego; la más bajita hacía lo que la otra quería. Me acerqué silenciosamente y tomé una de las muñecas que estaba alejada de las demás. Vi que su cabello estaba despeinado y de inmediato me puse a acomodarlo con un poco de saliva. Ahorita la voy a dejar linda, pensé.

Cuando una de las gemelas se percató que yo acariciaba el cabello de la muñeca me la arrebató de las manos y, con toda autoridad, me corrió de mi propio jardín diciéndome con el cuello estirado: «Este es un juego de niñas, y tú no lo eres, ¿o sí?»

— Pues lo parece. — Dijo la otra.

— Sí, parece niña.

— Pero no lo es.

— Los niños no juegan con muñecas.

— Los niños no usan el cabello largo, ni vestidos, ni aretes; mucho menos zapatos para mujer.

— El otro día papá nos dijo Antonio quiere ser niña.

— Mamá respondió: "Pobrecito, nunca lo podrá ser".

— Ay, sí, pobrecito. — Dijeron las dos al mismo tiempo.

— Papá dijo que le daría vergüenza que fueras su hijo. Pero que daba gracias a Dios que tuvo dos gemelas.

— Así que no necesita un niño. Menos uno que quiere ser niña.

— ¿Quieres ser niña, Antonio?

— Yo creo que sí...

Las miraba desafiante, en silencio. Tenía ganas de agarrarlas del cabello y dejarlas peor que la muñeca que tomé del suelo. Las miré de arriba a abajo. Pues ¿quién se creían estas niñas mimadas?, pensé. ¿Acaso no les enseñan cómo comportarse?

— ¿Qué eres Antonio? ¿Niño o niña? — Finalizó la más alta, con tono burlón.

— ¡Es niña, es niña! — Regresó el coro.

Sin contestar, las empujé abriéndome camino, me di media vuelta y me escondí de nuevo para que nadie me viera. Al fin y al cabo, no tenía tantas ganas de jugar con ellas. Sus muñecas están muy feas, no las cuidan. Pobrecitas ellas, pensé. De lejos vi cómo las hermanas me sacaban la lengua. Yo se las saqué también. Y así la batalla campal de lenguas duró unos momentos.

Ya me estaba enojando el jueguito de las lenguas cuando llegó mi heroína de carne y hueso, que me rescató.

— ¿Quién nos falta? — Dijo la tía Marina subiendo la voz para que todos en el patio escucharan. — No veo a la alegría de esta familia.

— Hablas de Antonio. — Respondió mamá, mientras acomodaba una cucharada de frijoles junto a un trozo de carne en un plato. — Debe estar jugando dentro de la casa.

La tía Marina no se andaba con medias tintas. Tomó

un plato, le puso un trozo de carne y entró a la casa a buscarme. Yo corrí por un pasillo lleno de cachivaches en la parte de atrás de la casa y la alcancé al entrar por otra puerta, sorprendiéndola.

— Hola, tía.

— Chaparro, me asustaste, ¿dónde andabas?

— Jugando.

— ¿Solo?

— Sí.

— Afuera están tus hermanos, primos y primas y al parecer se están divirtiendo mucho. ¿Qué hace un niño tan lindo jugando solo, encerrado en la casa?

— No estoy tan lindo...

— ¿Qué dices? — La tía Marina sonríe. — Si eres el sobrino más hermoso que tengo.

— Eso le dices a todos...

— Claro que no. Y tú lo sabes.

La tía me abraza, me da un beso en la cabeza y luego me hace un par de cosquillas en la panza. No es la típica señora mayor, al contrario, es muy joven, tiene casi la misma edad que Esteban, mi hermano mayor.

— Ven acá, te traje algo de comer.

— No tengo hambre.

— ¿Cómo? Si esta carne está deliciosa. La cocinó nada

menos que tu papá, y tú sabes que tiene buena mano para la cocina. Nada más que tu mamá no lo deja ni mover un plato.

— Es que...

— A ver, estás muy flaquito. Necesitas un poco de músculos. Esas papitas saladas con chamoy que te da Silverio nomás no te nutren nada...

— Es que no tengo hambre.

— Mira, Antonio... — La tía insistió después de tomarme la mano y darme vuelta para observarme de pies a cabeza. — hasta para ser modelo tienes que comer, porque los que salen en la tele se ven muy delgados y eso no es nada sano. Quieres ser modelo, ¿verdad?

— Sí. — Respondo tímidamente.

— No creas que no me he dado cuenta.

— Yo... — Me siento intimidado.

— No te preocupes. Yo sé muchas cosas sobre ti, así que no necesitas explicarme nada. Cuando estés listo lo hablamos. Mientras tanto, come. Y sal al jardín para que convivas con tus primos y nadie sospeche que te caen mal.

Ambos sonreímos. La tía Marina me conoce muy bien. ¿Acaso será un ángel?

— Y dime, ¿has pensado en un nombre artístico? Porque los famosos tienen nombres artísticos.

Afirmo con la cabeza mientras muerdo un bocado, me lo paso y contesto.

— *Antoine*.

— ¿*Antoine*? En francés. Como el escritor de *El Principito**. Guau, qué lindo se escucha. Sí, me gusta...

— Antonio, te estamos buscando desde hace rato, ¿dónde estabas? — Mamá interrumpe la fantasía. — Seguramente jugabas con las sábanas, ¿dejaste mis zapatos donde te dije? Ya no los tomes sin permiso.

— Estábamos charlando. — Responde la tía Marina. — Ya vamos.

— No se tarden. La abuela ya se quiere ir.

Mamá salió de la casa para ir al jardín. Mi tía hace una mueca gigantesca con la boca, mientras pone los ojos en blanco. No se caían nada bien, yo lo sabía, no era secreto. Mordí la carne sin dejar de reír. Mi tía me observaba a detalle.

— Así que, ¿a *Antoine* le gustan los tacones?

Asentí con la cabeza.

— Muy bien. Tengo unos que le van a encantar y que seguramente le quedarán a su mamá. Ella los podría usar en mi boda. Y después, como estoy segura de que ya no se los pondrá, tal vez *Antoine* los tome para él. Yo creo que se le verán súper bien. — La tía me guiñe un ojo.

Sonrío entusiasmado.

Salimos de la casa luego de que Leonardo, otro de mis hermanos, nos avisara que la abuela ya se estaba yendo y que papá quería que nos despidiéramos de ella. "Es muy importante que la abuela se lleve una muy buena impresión de sus nietos", decía imitando la voz de papá. Así que allá vamos, obligados. Nos despedimos de todos, al fin se marchaban. Suspiraba aliviado. La única que se despidió de mí fue la tía Marina, los demás hacían una seña con la mano. Adiós, adiós, no vuelvan nunca más. Mi vida volvió a la normalidad.

Unos días después, mamá recibió un regalo de la mismísima tía Marina; una caja negra con un moño grande, que al abrirla descubrimos que eran unas hermosas zapatillas rojas de terciopelo. Como las de *Dorothy*, de la película *El Mago de Oz**, pensé al verlas. Cuando mamá las sacó de la caja las miró con asombro.

— ¿Y esto? ¡Están muy altas!

— Es un pequeño detalle. Espero que te las pongas el día de mi boda. — Le dijo la tía Marina y luego me mira con complicidad por nuestro plan. — Se te verán muy bien con el vestido que compraste para ser mi madrina.

Mamá tragó saliva. Ella no acostumbra a usar tacón alto y, aunque le parecía difícil de creer, le prometió a la tía

Marina llevarlas ese día y lo cumplió, aunque más tardó en ponérselas que en quitárselas cuando se paró a bailar con papá. Y ahí quedaron arrumbadas abajo de la mesa. Yo las miraba a lo lejos y suspiraba pensando que muy pronto serían mías.

* El Principito (*Le Petit Prince*) de Antoine De Saint-Exupéry, publicada el 6 de abril de 1943.
** El Mago de Oz (*The Wizard of Oz*), película de 1939 basada en el libro El Maravilloso Mago de Oz (*The Wonderful Wizard of Oz*) de Lyman Frank Baum.

— Es mala idea jugar en el jardín, ¿verdad? — Pregunto desanimado, esperando una respuesta negativa de mamá. No estoy seguro si le agradó que quisiera hacer la pasarela en el jardín o el que pudiera usar los lentes de sol de la tía Marina.

— No. Para eso es, para que tus hermanos y tú lo usen para jugar.

— ¿Al beisbol?

— A lo que ustedes quieran...

— ¿Para hacer una pasarela también? — Me entusiasmo.

— Ay, hijo.

— Tú lo acabas de decir, que podemos jugar a lo que queramos.

Mamá se queda muda unos instantes. Suspira profundamente. Está a punto de aceptar una terrible derrota, pero esta batalla apenas inicia, así que será difícil que ella se quede tranquila.

— Es que parece que no me entiendes, mamá. Yo quiero jugar a eso.

— Ya te dije que no es posible.

— Pero, ¿por qué?

Mamá guarda silencio, otra vez. Parece que no tiene respuesta. Balbucea, no dice nada.

— ¿Me estás escuchando, mamá?

— El que no escucha es otro.

Ahora se invierten los papeles, típico de mamá.

— No sé qué voy a hacer contigo, Antonio. Creo que te está causando problemas estar solo tanto tiempo allá arriba, en esa cueva que dices que es tu habitación y eso no es bueno. Vamos, es hora de que salgas de allí y te dé un poco el aire. Voy a subir, tomaré todas las telas, sábanas, colchas, almohadas, lo que hayas puesto, las lavaré, les pondré suavizante, las tenderé al sol, dejaré todo reluciente. Ahorita le llamo a Dolores para que deje salir a Polito y venga a jugar contigo.

Estoy paralizado. Siento enojo. Quiero decirle que eso que dice no es verdad, gritarlo si pudiera. A mí me agrada jugar solo, en mi habitación, donde nadie me moleste, me juzgue o me señale. Ahí no le hago daño a nadie y nadie me lo hace a mí. Y que el hijo de la vecina no me cae bien. Que no lo quiero tener cerca. Que se la pasa molestándome, que siempre quiere que haga cosas que no quiero hacer. No quiero estar cerca de él.

Es cierto que hemos sido amigos y que me defendía si algún compañero me molestaba, pero eso ya cambió.

— ¿Te vas a quitar mis tacones?

Mamá regresa a nuestra batalla inicial.

— Que no.

— No estás entendiendo nada, Antonio.

Mamá le da más vueltas al asunto. Por supuesto que no la entiendo. ¿Por qué es tan difícil para los adultos decirnos las cosas como son?

— ¿No entiendo qué, mamá? — La enfrento.

— Pues eso. ¿Qué no has escuchado lo que dicen sobre... eso? ¿Sobre ti?

— ¿Lo que dicen de mí?

— Sabes a lo que me refiero...

— No. — Respondo firme. Sé perfectamente de lo que habla mamá; mis primas y Polito me lo recuerdan cada vez que me ven. — Es que no entiendo qué tiene de malo que yo esté solo. Que juegue a ser modelo y desfile por la casa. Que use tus zapatos...

Mamá me mira de reojo con cara de sufrimiento.

— Ay, Antonio, ¿sabes qué? Haz lo que quieras. Yo estoy cansada de lidiar contigo, con tus hermanos, con hacerme cargo de la casa, la comida y todo eso. Una sola no puede con tanto trabajo. Ustedes no tienen piedad. No valoran mi trabajo. Necesito unas largas vacaciones...

Mamá se da por vencida. Se pone la mano en la frente, como cuando le duele la cabeza. No alcanzo a escuchar lo que dice entre dientes y, tras unas cuantas palabrotas, regresa a sus quehaceres. Esta vez, Leonardo, uno de mis hermanos la acompaña a la cocina para ayudarle.

No me siento victorioso, sino más bien tengo un hueco en el estómago. ¿Por qué no puedo ser quién soy? ¿Acaso estoy haciendo algo mal?

Todas las tardes, después de la escuela, corro a casa, subo las escaleras del siguiente piso, entro a la habitación de mis papás, abro el ropero y me trepo a los tacones más altos de mamá; esas hermosas zapatillas color rojo intenso que son casi idénticas a las de *Dorothy* de *El Mago de Oz* y que me hacen ver mucho más alto que todos mis compañeros de la escuela y a la altura de mis hermanos, que ya están más altos que mamá.

Las primeras veces me daba miedo que mamá me sorprendiera, pero una vez, mientras que ella aseaba su recámara, pasé por el pasillo usando una toalla como vestido y, de los nervios, se me dobló un pie; ella, al descubrirme, se carcajeó divertida. «Ven acá», me llamó, y me explicó con mucha paciencia cómo debería caminar con zapatillas.

Me dijo, paso a paso, cómo colocarme cada zapato, de una manera delicada, suave. Recalcó que no eran unas botas mineras, ni zapatos deportivos, mucho menos unas chancletas. Eran LAS ZAPATILLAS, así, en mayúsculas, que se habían creado para realzar la belleza del cuerpo y estilizar la figura, por lo cual se les debe dar su lugar. Usarlas con respeto. Que ni siquiera ella se atrevía a desafiar tal difícil reto, pero que estaba segura que yo sí podría.

— Tú sí eres muy valiente. — Me dijo.

Me enseñaba con paciencia, con la mirada iluminada, como cuando hablamos de algo que nos apasiona, pero al mismo tiempo añoramos. Que solo unos pies delicados podrían usarlas con orgullo. Que se necesitaba mucha destreza. Y después me dijo que seguramente de grande yo sería actor, porque me encantaba disfrazarme. Hasta ese momento no lo había pensado. ¿Yo actor? Comencé a soñar en esa posibilidad.

— Mamá, tal vez sí sería un buen actor. — Respondí entusiasmado. — Salir en la televisión, actuar en una obra de teatro o el cine. Me podría poner los vestidos que me gusten y ponerme un par de zapatillas rojas con brillantes. Hasta podría ser *Dorothy* en una nueva versión de *El Mago de Oz*. Imagínate, mamá. Qué bella me vería.

En un segundo la sonrisa de mamá desapareció y terminó siendo una mueca desdibujada.

— Bueno, ya. Vete a jugar al pasillo. Estoy ocupada. — Me dijo mirando al suelo y regresando a su quehacer. — Cuando termines, dejas la toalla en el baño y mis zapatos en el ropero.

— Está bien. — Respondí.

Después de ese día, parecía que mamá ya no se daba cuenta que yo seguía jugando así por toda la casa, "disfrazado", como ella decía. Era un fantasma recorriendo los pasillos que unen las habitaciones de mi casa, las escaleras, la sala, cualquier rincón. Limpiaba mirando al piso, a la pared o a la nada. Y ese brillo en sus ojos, cuando hablaba de sus tacones, se fue opacando, como cuando una estrella fugaz se pierde en el firmamento.

Mis hermanos siempre indiferentes. Cada uno realizando sus deberes o preocupados por el colegio o por si la niña que le gustaba a Esteban ya tenía novio o no; si a Leonardo le salían pelos en donde no tenía y que no se le quitaba lo tartamudo cuando se ponía nervioso; o haciendo apuestas de cuántos kilos subiría Silverio en la semana, quien no dejaba de comer en grandes cantidades y era, además, adicto a las papitas fritas que venden en la tiendita de la esquina. En fin, esas cosas típicas de adolescentes.

Yo no tenía opción, mis hermanos no querían jugar conmigo y hacerlo con Polito no era el mejor plan. Silverio me lleva cinco años de diferencia, Leonardo seis y Esteban siete. Mis hermanos ya se creen mayores. Ellos juegan a otras cosas, juegos de grandes. Yo vivo en mi mundo solitario, en mi habitación, mezclando telas de colores e imaginando cómo se verían en mi cuerpo desfilando por una pasarela y luego usando la tela para salir al pasillo a modelar mis creaciones. Mis hermanos aplauden y se divierten cuando me ven. «¡Qué payaso eres!», me dijo un día Silverio y Esteban lo reprendió al instante.

— No lo digo por burlarme, cálmate hermano. Lo digo porque me divierte lo que hace. — Le respondió con voz entrecortada.

— Pues más te vale. Si veo a alguno de los dos burlarse de Antonio se las van a ver conmigo. — Les dijo a Silverio y Leonardo.

— Y-yo no he d-dicho nada. — Trató de hablar Leonardo un poco nervioso con la cara metida en uno de sus libros.

— Ya lo sé. Y espero que no lo hagas. Deberían de jugar con Antonio. En la habitación está la pelota.

— Ay, qué flojera. Yo estoy viendo una película. — Dijo Silverio y se volteó para seguir viendo la televisión. De inmediato se escuchó el crujir de las papas fritas en su boca.

— Y tú, ¿qué vas a hacer?

— Te-tengo ta-tarea. — Leonardo se acomodó los anteojos y huyó a la segunda planta; al momento se escuchó la puerta de la habitación estrellarse con la cerradura.

A Esteban le decepcionó el poco entusiasmo de mis otros hermanos. Después se acercó a mí.

— Vaya canallas. Yo tengo que ir a ver a Amanda, a lo

mejor ahora sí me responde si quiere ser mi novia, y después iré a ver si me dan trabajo en la ferretería de la otra
cuadra. Imagínate que me responda que sí quiere serlo y
yo sin un peso en la bolsa. Papá no querrá darme cada vez
que se me ocurra invitarla a salir. Así que no tengo opción,
necesito el trabajo. Qué nervios. Te veo más tarde, chaparro. Te prometo que pronto te llevaré al cine. — Me hizo un
cariño en la cabeza y se marchó.

Me quedaré solo, pienso. Como todas las tardes. Apro-
vecharé para mirar de nuevo las revistas de moda que Estaban me regaló unos meses atrás. Sacaré algunas ideas para
un nuevo vestido, tomaré alguna sábana y manos a la obra.

Cada uno de mis hermanos "ocupados" en diferentes
actividades y mamá también; ella metida en los quehaceres
del hogar. Si no está cocinando, está lavando ropa, tendien-
do camas, lavando el baño, quitando telarañas o inventán-
dose tareas nuevas. «El quehacer nunca se termina en esta
casa», decía constantemente.

Ella creía firmemente que papá la iba a reprender si
encontraba algo sucio o fuera de su lugar, cosa que nunca
he visto. "Su padre se parte el alma trabajando todo el día
como para llegar a un chiquero", y pobrecito aquel hermano que no tienda su cama al levantarse o recoja su plato y
lo lave después de comer. Todo tenía que ser como debería

ser. Como le enseñó su mamá. Como lo hacían sus otras hermanas con sus esposos e hijos.

Subo a mi habitación, abro una de las revistas y en una de las páginas centrales, ahí estaba ella en un póster de la película, *Dorothy*, con esas hermosas zapatillas rojas. Pero, no son iguales a las mías. Las de *Dorothy* tienen brillos. Pienso qué hacer. Recuerdo que mamá tiene una blusa con piedras rojas, qué tal y si...

Desde ese día, mis zapatillas dejaron de ser un simple sueño de terciopelo y se transformaron en una hermosa realidad llena de brillo y glamour.

— Antonio, haz caso. — Dijo mamá tras regresar de barrer la cocina y ver que yo continuaba fiel a reiniciar mi desfile primaveral.

— ¡Que no! — Respondí gritando. — Y soy *Antoine*, se escucha mejor.

No me había movido ni un centímetro de las escaleras. Estaba sentado en el primer escalón mirando y acariciando las hermosas zapatillas rojas, aquellas que la tía Marina le había regalado a mamá con la intención de que al poco tiempo fueran mías.

— Hijo, — Mamá modifica su tono de voz, ahora es más amable. — estás entrando a la adolescencia, es una etapa difícil, lo entiendo, pero tú tranquilo, estarás bien, esto va a pasar y cuando termine, contaremos estas historias como anécdotas chistosas, miraremos las fotografías y juntos nos vamos a reír de las tonterías que hacías en el pasado. Tus hermanos también pasaron por el mismo proceso.

Mis tres hermanos miran la televisión, aunque disimuladamente están al pendiente del altercado. Uno de los tres sube el volumen para evitar cualquier participación en el bochornoso pleito.

— No lo creo.

Interrumpo de nuevo en voz alta retando a mamá y esperando que mis hermanos digan algo, porque algunas veces han intercedido por mí, pero en esta ocasión ninguno ha volteado; los tres miran un programa de televisión sobre un tipo que cuida perros rabiosos y luego los educa para que se porten bien y, como por arte de magia, el resultado es positivo: las fieras se convierten en dulces ovejitas, y luego la gente le agradece y lo venera como si fuera un semidios, como si no hubiera mejores cosas en la programación.

— Está bien, no fue exactamente igual. Pero no exagero al decir que ellos también sufrieron al llegar a la adolescencia. Es normal...

— No lo creo. Por lo menos no como yo.

— ¿Crees que eres especial?

— Sí.

— Qué engreído.

— Es cierto.

— Tus hermanos también han sido especiales...

— No como yo, yo soy diferente a ellos.

— Ay, Antonio. Tú y tus cosas. Todos fuimos niños y pasamos por eso: Papá, mamá, tus hermanos, tus tíos... hasta los abuelos.

Observo a mis hermanos mayores, ninguno parecía haber sufrido siquiera un piquete de mosquito. Los tres se ven cómodos con su vida o con su cuerpo, con los típicos cambios físicos de la adolescencia, todo parece normal. Solo Esteban es mayor de edad, recién cumplió 18 años, pero Leonardo y Silverio ya se ven hombrecitos, o por lo menos ya se lo creen.

Esteban, mi hermano mayor, es muy alto, de cuerpo atlético; es lo único bueno que le dejó practicar beisbol tantos años. Ahora tiene novia y ya se rasura los tres pelos que le salen en la barba, según para verse galán. Usa ropa ajustada y camina rígido como si fuera un robot, que porque así se le notan más los músculos y su novia lo presume por todos lados. Las muchachas no dejan de verlo cuando camina por las calles. Es el único de mis hermanos que en ocasiones me lleva al cine o me invita helados.

Leonardo, a pesar de ser delgado, tiene una voz varonil de ensueño, como los cantantes de ópera del canal cultural de la tele, aunque tartamudea cuando se pone nervioso, pero, eso sí, tiene más vello en los sobacos que en la cabeza. Es un tanto misterioso, no deja que nadie lo vea cambiándose de ropa y dura varias horas cuando se baña. A veces pienso que será detective cuando sea más grande, no saca las narices de algunos libros o revistas viejas.

Y Silverio... es Silverio, solo ha engordado. Es feliz comiendo. No para de hacerlo. A él no le interesa nada ni nadie. Se pasa preguntando a mamá qué hará de desayunar, de comer o de merendar. Algunas veces se pierde horas en la alacena y cuando mamá busca algo, solo encuentra las envolturas o migajas. Es un pozo sin fondo. La televisión lo tiene hipnotizado. No se mueve al menos de que sea la hora de comer o cenar y cuando va al baño.

Yo sigo flacucho, enano, no tengo señal alguna de que me saldrá bigote o pelo en alguna otra parte de mi cuerpo, y mi voz es más aguda que el timbre de la casa vecina.

— Mira a Esteban, sufre de acné, ni te imaginas cuánto se le dificulta el afeitarse y aun así ya consiguió novia; Amanda es una niña lindísima, de buena familia. — Mamá trata de convencerme confrontándome con mis hermanos y poniéndole final feliz a sus comparaciones innecesarias. — Leonardo usa anteojos de fondo de botella, está casi ciego y, aun así, tiene su pegue. Esa voz ronca le ha traído mucha suerte con las niñas de su edad. Pero nomás que no se ponga nervioso porque... bueno, ya se le quitará el tartamudeo. Y Silverio, pues... Ah, caray. Silverio es el más regordete de su clase, pero no me digas que no se la pasa contento, y tú...

— ¿Yo qué?

— Tú...

— Y yo me siento feliz usando zapatillas; me veo más alto, además estiliza la figura, tú lo dijiste...

— No. No empieces. Déjame acabar... — Mamá desespera.

— Mamá, ninguno de esos defectos que describes les causa problemas a mis hermanos. Ellos son felices, así como son y a todos les ha ido bien. ¿Por qué yo no puedo hacer lo que me plazca?

— Déjame acabar...

— Entonces explícame...

— Pues es que, porque...

Mamá balbucea nerviosa y yo espero ansioso una respuesta.

— Porque no es natural...

— ¿Natural?

— Normal...

— ¿Normal?

— Ay, ya basta, Antonio. Esos juegos no me gustan. Me confundes. Tú sabes a lo que me refiero.

— No.

— ¿Cómo de que no? Ahora te haces el que no entiendes. Si antes te dejaba usarlas es porque pensé que era un juego de niños, una etapa, un chiste...

— Pues no lo es.

— Es que... esto no debería pasar.

Mamá se hace la sufrida. Habla como las actrices de las telenovelas que he visto en la tele. Hasta pone su brazo sobre la frente e inclina su torso hacia atrás. Qué importa que traiga el delantal puesto o la cuchara en la mano. Ella hace su actuación merecedora de un premio.

Yo me hago el que no sabe nada. Claro que entiendo a lo que se refiere. Pero ¿por qué le cuesta tanto trabajo hablar claro?

Es cierto, soy un niño entrando a la adolescencia, pero no soy un tonto. Desde muy chico sé qué quiero de mi vida. ¿Eso es malo? Necesito que alguien me escuche, que me oriente y me guie. ¿Será tan difícil entenderme? Pensaba que sería más sencillo acercarme a ella porque se supone que las mujeres son más sensibles y comprensivas que los hombres. Creí que ella me comprendería. Pero me equivoqué.

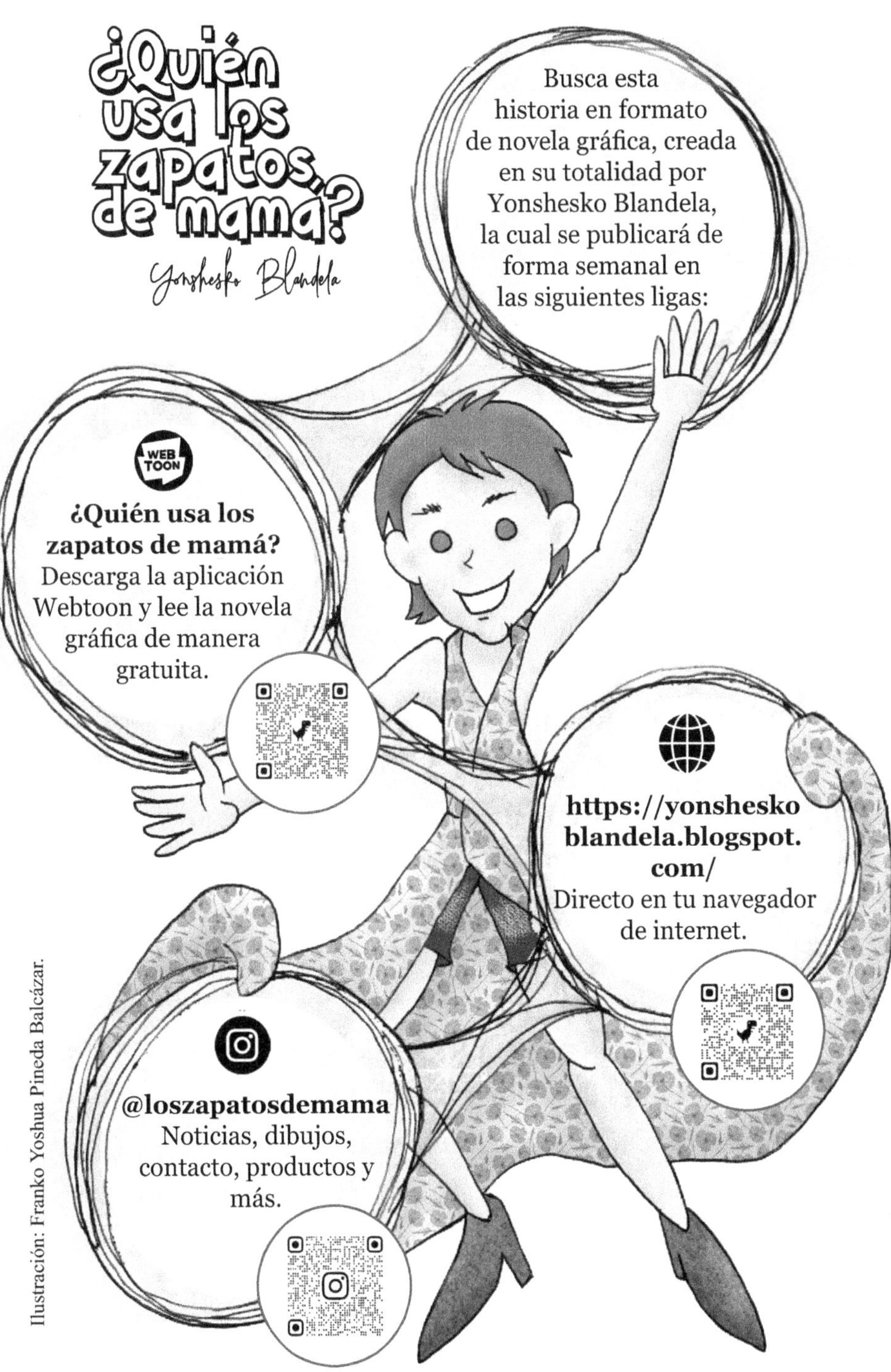

¿Quién usa los zapatos de mamá?
Yonshesko Blandela

Busca esta historia en formato de novela gráfica, creada en su totalidad por Yonshesko Blandela, la cual se publicará de forma semanal en las siguientes ligas:

WEB TOON
¿Quién usa los zapatos de mamá?
Descarga la aplicación Webtoon y lee la novela gráfica de manera gratuita.

https://yonshesko blandela.blogspot. com/
Directo en tu navegador de internet.

@loszapatosdemama
Noticias, dibujos, contacto, productos y más.

Ilustración: Franko Yoshua Pineda Balcázar.

En casa vivimos cuatro adolescentes con las hormonas revoloteando por todo el vecindario, papá y mamá.

Soy el hijo pequeño, me veo menor a los niños de mi edad, parece que estoy en un curso anterior. Soy distinto a todos mis hermanos y diferente a todos los niños de mi salón en el colegio.

Sé que nadie piensa como yo y que seguramente todos me ven como el bicho raro de la escuela, de la colonia y de la familia. No me interesa jugar con los otros niños. Ellos son muy toscos, juegan fuerte, se empujan, se golpean y se dicen palabrotas que a mí no se me antoja decir. No quiero hacer algo que no me agrade. Y tampoco quiero jugar con las niñas, ellas me hacen a un lado. Algunas se ponen agresivas, se burlan de mí y me imitan. Se portan altaneras y dicen que nunca seré como ellas, hasta cuestionan el hecho de que cuando camino por los pasillos de la escuela me contoneo mucho o que si mi cabello se mira más limpio y sedoso que el de ellas. Pero están equivocadas, yo no quiero ser como ellas. No soy una niña, soy un niño.

Me gusta ser niño, pero también me gusta usar tacones y caminar como en un desfile. Sentirme observado y admirado. Usar vestidos y tacones. Aunque todavía no me he puesto uno, solo he usado sábanas o toallas. Espero, algún día tener el cabello muy largo para hacerme peinados extravagantes y tal vez maquillarme.

En el recreo nadie me habla, y si acaso algún compañero se acerca a mí, termina retirándose y sentándose en otro lado, e incluso los más tímidos me sonríen de lejos pero no me hablan, ¿les daré miedo? Ahora ni Polito se me acerca, cuando nunca le importó lo que dijeran los demás, él no dejaba de pedirme que jugáramos a la pelota, era mi único amigo, pero creo que se cansó de tantos desplantes de mi parte.

El profesor de Educación Física se dio por vencido, ya no me grita como al principio del curso. Sigue diciendo que soy un debilucho y a veces me saca de los equipos para meter a otro compañero y terminar las actividades de la clase. No me gustan los deportes, pero tampoco quiero pasarme toda la primaria en la banca; cada vez que puedo levanto la mano para participar, y aunque me dan oportunidad, siempre termino mirando desde atrás, nunca me pasan la pelota. Ya me acostumbré a que todo mundo me haga a un lado, que no quieran jugar conmigo o que hablen de mí entre ellos y me miren de arriba a abajo a lo lejos.

El profesor de Arte aplaude mis dibujos, dice que si continúo así y mejoro mi trazo voy a ser un gran dibujante o diseñador, aunque eso ya lo sé. Algunas veces me aburro y quiero hacer otras cosas más dinámicas. Al momento de hacer una coreografía para algún festival, nunca me elige o me deja para el último. El año pasado nos puso por parejas, la niña que me tocó se quejó de que yo me movía más y mejor que ella. El profesor habló conmigo, me pidió que bailara como los otros niños, que los movimientos de manos y la coquetería se la dejara a las niñas, que ellas eran las que tendrían que brillar en la coreografía. Que los hombres éramos más toscos y torpes para la danza. Así que tuve que modificar mi baile para adaptarme a los otros niños. Sin embargo, mi compañera no estaba tan contenta y fue tanto su berrinche que el profesor terminó por sacarme del bailable y me reemplazó con Polito, quien inicialmente no estaba en el cuerpo de baile. Al parecer tampoco encajo ahí.

Por eso prefiero jugar solo. Estar en mi habitación sin que nadie me moleste y sin necesidad de incomodar a otros por mi manera de ser. Yo soy feliz así. Me gusta imaginar que uso vestidos hermosos, que tengo el cabello tan largo que cubre toda mi espalda y que camino por una gran pasarela montado en unas hermosas zapatillas.

Hoy decidí repetir esa hermosa sensación de subirme

a los tacones más altos de mamá; ella no se los pone desde hace siglos. No le interesan. Los tiene arrumbados y cubiertos de telarañas. Se los puso solo una vez para la boda de la tía Marina y se los quitó a mitad del baile porque según le iban a sacar ampollas, por lo que terminó la fiesta en pantuflas. Y las zapatillas las arrumbó en un rincón del ropero y nunca se las volvió a poner. El terciopelo rojo se ha desteñido un poco, pero no importa, para mí siguen estando bellísimas.

Esas zapatillas estaban destinadas para mí, la tía Marina lo dijo sin decirlo. Me guiñó el ojo aquella vez que se las regaló a mamá. Pero no me las puedo llevar a mi habitación, así por que sí. Aunque si ella no los usa, ¿por qué no hacerlo yo? Con ellas me siento realmente como soy. ¿Por qué no puedo? ¿Por lo que dicen Polito o mis primas de mí?

Una vez descubrí a papá y mamá peleando. Papá le reclamaba que debe de estar más al pendiente de nosotros, pero mamá le contestó que ella no podía con todo, que había mucho que hacer en casa y que ninguno de nosotros le ayudábamos.

— Debimos tener una niña. — Escuché decir a mamá detrás de la puerta de la habitación.

— Ese no es el punto, Angélica. — Papá la enfrentaba. — Solo asegúrate de organizarte mejor.

— Sí, igual que tu mamá. Tuvo cinco hijos varones y todos ayudaban. Después de ocho años vino Marina, la única mujer, y ella se adaptó perfectamente a la dinámica. Ya me sé ese cuento de memoria. Pero aquí es distinto, Servando. Yo no he podido educar a nuestros hijos como lo hizo tu mamá con ustedes. Ella sí es una madre digna de serlo. Yo soy una aprendiz, dijera ella. Y tú te la pasas trabajando. Así no se puede.

— No se trata de comparar. Tampoco hemos hecho tan mal trabajo. Dile a Esteban, Leonardo y Silverio que te ayuden más.

— Tú sabes cómo son. Esteban se la pasa en la ferretería y luego por las tardes se va con Amanda. Están bien enamorados, según dice él, ojalá no salgan con una sorpresa. Leonardo y Silverio no me hacen caso, vamos a tener que quitar el cable. Y Antonio...

— ¡Mamá! — Los gritos de Silverio desde la cocina interrumpen la discusión. — ¿Dónde está el pan tostado? No lo encuentro.

— Ya te lo acabaste. — Gritó mamá desde la habitación.

— Entonces tomaré leche para cereal.

— Espera, ya voy.

Mamá abre la puerta de su habitación de golpe y yo di-

— Antonio, te las vas a quitar. Es la última vez que te lo digo.

— No quiero.

— Tu papá está por llegar. No quiero escuchar sus reclamos. — Mamá suplica nuevamente.

Mis hermanos me miran con ojos acusadores, diciéndome, sin hablar, que haga caso a lo que ordena mamá o si no me irá muy mal.

— Está bien. Tú así lo quisiste. Después no me reclames. Yo te lo advertí.

Mamá comienza a subir los escalones para alcanzarme y luego se detiene a mitad de las escaleras y se quita una de sus sandalias, supongo que para pegarme con ella. Cierro los ojos para aguantar el dolor, pero en ese momento escuchamos girar la cerradura del barandal de la entrada.

El rechinido de la puerta pone en alerta a mis hermanos y a mamá, mientras yo estoy paralizado con los ojos y la boca entreabiertos. El corazón empieza a acelerar su marcha. Todos comienzan a correr, a ordenar la mesa, el mantel, las sillas, poner los cubiertos y, al final, toman sus papeles, el que a cada uno le toca en esta telenovela de la familia ideal.

Mamá termina de ultimar detalles en la mesa. Esteban, Leonardo y Silverio corren a lavarse las manos y después se sientan en la silla del comedor que cada quien tiene designada. Luego, Silverio va con prisa a tomar el control remoto del televisor y cambia de canal en canal hasta llegar al deportivo, el que le gusta a papá. Rápidamente se coloca en su lugar del comedor. Abro más mis ojos para no perderme ningún momento de este divertido episodio. Como cuando adelantas una película y miras que la escena se mueve aprisa y los personajes hablan con voz de ardilla.

— Antonio, ¿qué esperas? — Mamá me mira desesperada y con la boca torcida. — Las zapatillas... Corre, ve a lavarte las manos. Ya llegó papá.

No me muevo.

— Antonio...

Mamá, histérica, suplica, luego hace otra mueca dándose por vencida. Es la primera vez que veo esa cara de desilusión, de tristeza. Creo que ahora sí la decepcioné. Mis hermanos ni siquiera se atreven a subir la mirada, la tienen clavada en el mantel de la mesa. Mamá corre a quitarse el delantal, se lava las manos y luego se sienta en su lugar en el comedor. Se nota nerviosa, desesperada, me hace señas con los ojos y las cejas. Entiendo perfecto lo que trata de decirme, pero no puedo moverme, estoy paralizado. No me voy a quitar las zapatillas. ¿Qué hay de malo en usarlas?

Las pisadas se escuchan intensas. Muy cerca. Los pocos metros de jardín y las hojas secas en el suelo de unas plantas descuidadas sobre el camino de baldosas y un grito de saludo de «Cómo te va», que parece ser con el vecino, el papá de Polito, hacen que papá se tarde un poco más en llegar hasta la puerta de la casa. Un silencio incomodo reina en nuestro hogar. Se acerca un terremoto.

Papá al fin llega a la puerta y mete la llave. Abre lentamente. Después entra por la sala y camina directo a la mesa.

—Estoy muy cansado. — Suspira. — ¿Cómo están mis chicos? ¿Ya está la cena?

Todos en silencio escuchando el mismo discurso de siempre. Solo falta la palmadita en el hombro a cada uno de los hijos y la música de fondo. La entrada triunfal del padre perfecto de la familia perfecta, en la hora perfecta, de la comida perfecta.

— Sí, ahorita te sirvo la cena, Servando.

Mamá se levanta y me mira con ojos saltones para que de inmediato me quite los tacones y me siente en la mesa. Yo sigo sentado sobre las escaleras.

— ¿Por qué Antonio no está sentado a la mesa?

Un silencio. Las miradas cruzadas hacia todos lados de la habitación. Papá con la vista fija al frente en dirección del televisor que está empotrado en un hueco de la pared, esperando respuesta. Una respuesta que mis hermanos no darán y que mamá muere de nervios por dar, pero que en realidad a nadie le corresponde, solo a mí. Esteban trata de hablar, mamá levanta sus cejas. Esteban se detiene. Ni los gritos de jonrón y un hombre con uniforme y casco que corre por todo el campo festejando su osadía en la tele, logra que papá desista de su pregunta.

— Entonces...

Camino lentamente hacia la mesa. El ruido del taconeo retumba en el piso de madera.

*Toc, toc, toc.*

Mientras más me acerco, cada paso parece subir su intensidad.

*Toc, toc, toc.*

Estoy muy nervioso. Miro a papá y él, que está de espaldas a mí, voltea y me mira de reojo un segundo y después vuelve al televisor. Está enojado porque no estoy sentado donde debería estar, a la hora que tengo que estar, en el momento preciso en el que tengo que estar. Muevo la silla, está justamente al lado de papá y frente a mamá, me siento en silencio, pongo los codos sobre la mesa. Ahora a esperar el regaño, pero papá es incapaz de mirarme.

Mamá tiene los platos listos para servir. Nadie habla. Ni una mosca se ve volar siquiera. Ella distribuye los platos limpios a cada integrante de la familia, mis hermanos empiezan a pasarlos a cada mano que ven extendida. No se escucha ningún ruido. Hasta la tele está muda.

Silverio juega con sus cubiertos. Mamá tose intencionalmente para que mi hermano se detenga. Silverio deja los cubiertos y esconde sus manos bajo la mesa. Mamá toma el plato de papá y le sirve una porción de su platillo favorito, el fabuloso espagueti con salchichas y chorizo que prepara la abuela, aquella señora autoritaria que se queja de todo y que nunca ha visto a mamá con buenos ojos, o al menos eso parece. Mamá tuvo que aprender la receta con excelencia y después buscar la autorización de la abuela para poder hacer el delicioso platillo a papá, porque la abuela es muy exacta en los ingredientes y jura que nadie puede hacerlo como ella. Una especia de más arruinaría tan delicado y tradicional platillo familiar.

A mí no me gusta tanto, para mí es un espagueti igual a los demás. Pero mejor no decir nada; me lo como y ya.

Mamá suspira y luego sirve los platos restantes. Papá junta sus manos y entrelaza los dedos. Inician las plegarias. Damos gracias a Dios por los alimentos, por la vida, por la bendición de estar juntos, por ser una familia promedio, por el trabajo interminable de papá y quién sabe por cuántas cosas más, porque en mi mente solo estoy esperando el regaño; a que papá me hable tan fuerte que tendré que estar varios días con tapones en los oídos, encerrado en alguna mazmorra, a pan y agua. Ya me lo había advertido mamá que esta vez no me rescataría.

Poco después, papá da su primer bocado, la señal para que todos comencemos a comer. Lo hacemos en silencio. Nadie se atreve a hablar. Solo se escucha el ruido de los cubiertos rechinando en los platos o el sorbo de agua en los vasos, que en esta ocasión fue sabor horchata y que la preparó Leonardo, paso a paso, los ingredientes exactos, en cantidades exactas, como lo enseñó la abuela.

Silverio hace mucho ruido al comer y mamá le hace la mirada acusadora y él entiende que debe ser más prudente, más perfecto. Ni se nos ocurra molestar a papá. Ya lo dijo él, viene muy cansado como para escuchar el ruido que hacen sus hijos al comer. Su palabra es ley.

El espagueti no se acaba. Silverio pide más y mamá le sirve otra ración. Se lo termina de dos bocados y mira a mamá para pedir más, pero ella ni siquiera le regresa la mirada y él sabe que ya no le darán ni un mínimo trocito de salchicha más. Seguramente al rato se escapará de la casa, irá a la tiendita de la esquina y comprará unas donas espolvoreadas, luego se las comerá a escondidas mirando el televisor, para luego esconder la envoltura bajo el cojín del sillón.

Yo sigo esperando el regaño de mi vida.

Mamá siempre nos dice que papá trabaja todo el día y se esfuerza para darnos todo lo que tenemos, así que lo único que él merece es tener hijos modelos, bien portados y obedientes. Y he crecido odiando la idea de que cada vez que papá llega a comer o viene la abuela o algún pariente, tenemos que ser esa familia perfecta que ella desea, y que para mí siempre me ha parecido un disfraz. Un disfraz que, desafortunadamente, yo también uso a diario para formar parte de cualquier círculo social: en la escuela, en la colonia o en el centro comercial.

Un niño que se debe comportar de tal manera o que debe de usar ropa que no va con él, que le incomoda, solo para parecer igual a los demás, porque así lo han dictado no sé quiénes y les debemos dar gusto. ¿Quién dicta estas normas injustas? ¿Por qué tenemos que aparentar algo que no somos? Que alguien me diga dónde está estipulado que tenemos que ser o vestir de alguna manera u otra.

Un día enfrenté a mamá. Le quería hacer ver que estaba en un error. Le reclamé fuertemente: "Yo no quiero seguir disfrazándome. ¿Por qué lo hacemos frente a papá cada tarde?". Ella me miró incrédula. "Mira nomás, ahora resulta que los patos les tiran a las escopetas", me respondió. No entendí del todo. Discutimos, hice berrinche y mamá, de pronto, se sintió mal, se fue a la cocina, sacó unas pastillas del botiquín, se las tomó y después se fue a su recámara a recostarse un rato. "Ahí te encargo a tus hermanos. Pórtense bien, por favor", le dijo a Esteban. Luego él me llamó tomando su papel de hermano mayor responsable.

— ¿Qué sucede contigo, Antonio? — Dijo preocupado.
— ¿Qué parte de "pórtate bien" no entiendes?

— Es que...

— Creo que mamá te lo ha explicado muchas veces. Papá llega cansado de trabajar y lo menos que quiere es tener problemas aquí en la casa. Nada nos cuesta hacer lo que nos piden. Mira, yo ya estoy trabajando por las tardes, gano poco, pero si te portas bien, te prometo que, cuando me paguen te daré algunos pesos para que te compres helado o te llevaré al cine. Puedo invitar a Amanda, te cae bien ella, ¿verdad?

— Es que no es eso...

— ¿Qué es? ¿Te siguen molestando en la escuela? Ese Polito...

— Sí, pero eso tampoco. Me sé defender...

— Bueno, y entonces ¿ya se lo explicaste a mamá?

— Es que ella no me escucha.

— Bien, aquí estoy, yo te escucho. ¿Qué sucede?

Trato de hablar, pero el teléfono de la casa suena rabioso. Silverio contesta y de inmediato llama a Esteban.

— Espera, Antonio. Es Amanda y se escucha preocupada, parece ser una emergencia. Platicamos luego, ¿está bien?

Lo miro desilusionado.

— Lo siento, chaparro.

Y de nuevo solo, con mil interrogantes dando vueltas en mi cabeza. Miro a Silverio, pero él sonríe, levanta los hombros, las cejas y continúa devorando unas papas fritas frente al televisor sin darle importancia a lo que acontece. Me ofrece, pero rechazo el manjar, no tengo apetito. Y Leonardo, encerrado en el baño como en otras ocasiones. Ahora es más recurrente y muy prolongado. No sé qué tanto hará ahí. Pero pienso que, si él sí puede estar encerrado en el baño pensando en su novia, la tal *Manuela*, yo también puedo estar en mi habitación soñando que soy un gran diseñador de moda. Ahí soy realmente feliz.

No fue la primera vez, pero sí una de las veces en que me sentí más solo que nunca.

Quise buscar a la tía Marina, pero ella está muy ocupada con lo del divorcio.

Mamá me lo advirtió el día que le dije que la iba a llamar. "La abuela está muy enojada. Esa Marina nunca hace las cosas como deben de ser", dijo esa vez. "Tu padre también está decepcionado. Tan buen muchacho que es Joaquín, pero Marina no lo quiere, nunca lo quiso. Al parecer ya le habla de nuevo a Regina, cada día me convenzo más que ella no es buena influencia como dice tu abuela. Ay, esa Marina dice una cosa y luego otra. Ni quién le entienda. Se va a quedar sola".

Yo tampoco entiendo nada. Los adultos se complican mucho la vida. Ellos mismos se ponen barreras que luego son incapaces de derrumbar.

Yo solo quiero ser yo. ¿Por qué es tan difícil elegir lo que está bien y lo que no? ¿Qué tengo que hacer para encontrar la felicidad?

�֎

Al finalizar de comer, papá da permiso a mis hermanos para que se levanten de la mesa y se lleven consigo sus platos, vasos y cubiertos. Cada quién tiene que lavar los suyos. Eso sí podemos hacer para ayudar un poco a mamá con el quehacer. Yo también pido permiso y me levanto, papá no dice nada. Regreso a mi lugar. Trato de moverme un poco y de inmediato siento la mano de papá en mi hombro deteniéndome. Otra señal de que aún no me podré levantar de mi asiento.

A lo lejos se escucha el murmullo televisivo. Mis hermanos corren a la sala a mirar un partido de beisbol que parece interminable, porque cuando papá llega, todo es deporte, no existe nada más que eso. Ya ni se acuerdan del entrenador de perros o ningún otro programa. Ninguno quiere escuchar enojado a papá. Le guardan un fuerte respeto.

— ¿Alguno de los dos me puede explicar qué sucede aquí? — Papá nos habla a mamá y a mí. Se escucha tranquilo, pero firme.

— ¿A qué te refieres, Servando? — Contesta mamá, nerviosa.

Un suspiro profundo de papá nos pone alerta. Ninguno se atreve a mirarse a los ojos. Luego de un silencio incómodo, papá pide apagar el televisor. Mis hermanos no se atreven a protestar. Uno de ellos se levanta y lo apaga con la mano, teniendo el control en la otra. Otro silencio prolongado, musicalizado por la respiración profunda de papá y el goteo del sudor que recorre la frente de mamá.

— Angélica...

— ¿Sí, Servando?

— ¿Desde cuándo dejas que Antonio use tus zapatos?

— Yo... — Intento hablar.

Papá hace un ademán con la mano para que guarde silencio. Mamá está paralizada, solo titubea; tiene miedo que papá se moleste y levante la voz.

— ¿Sucede algo en esta casa que yo no me haya enterado?

— Papá...

Cierro los ojos al escuchar el puño de papá estrellarse contra la mesa. Imprudente de mí. Es hora de callarme. Trago saliva. Mamá parece estatua. Se ve trabada por los nervios.

— Te hice una pregunta, mujer.

— Pues...

Mamá me mira con ojos acusadores. Adivino que me

dice: "Ándale, no te hagas. Dile a tu padre que lo haces a escondidas. Cuéntale todas las veces que te he visto esculcando en mi ropero. Y cómo ensucias las sábanas que te pones de vestido. Uy, y los tacones que me regaló tu tía Marina, si ya los echaste a perder con esas piedras que le pegaste. ¿Cuánto te importa un regalo de ella para mí? ¿No dices que es tu tía favorita? Ya los tienes raspados. Muy valiente, ¿no?". Después se escucha la voz de mamá como si fuera una explosión de cohetes.

— Yo le dije bien claro a Antonio que se quitara mis zapatillas y las dejara en la habitación. Sabía que te ibas a enojar con él en cuanto te dieras cuenta. Tengo todo el día tratando de convencerlo de que ya no lo haga...

— ¿Qué ya no lo haga? Pues, ¿desde cuándo lo hace?

Mamá guarda silencio. Llueven gotas de sudor de su frente. Se siente culpable porque cree que ha engañado a papá, para ella es de suma importancia decir siempre la verdad y omitir ciertos detalles es mentir. Imposible hacerlo. Mamá sabe que uso sus zapatillas e improviso mis vestidos con sábanas o toallas desde pequeño, sin embargo, yo creía que tarde o temprano me comprendería y apoyaría. Que me ayudaría a enfrentar a papá. Mamá al parecer tiene terror a su reacción.

— ¿Entonces?

— Desde... siempre. — Finalmente contesta con la voz entrecortada y ojos vidriosos.

El puño de papá vuelve a estrellarse en la mesa. Mamá y yo damos un pequeño salto. Mis hermanos se esconden entre los sillones de la sala. Esteban, que es el único que habla con papá como si fuera su amigo, que nunca ha mostrado miedo ante él, también está paralizado. De manera automática, mamá recoge el salero y lo pone junto al pimentero, luego los mueve de lugar y ahora toma una servilleta y la trata de planchar y luego la dobla a la mitad. Así como cuando está muy nerviosa y se pone, sin necesidad de hacerlo, a coser, limpiar o cocinar desesperada.

— ¿Por qué nadie me había dicho nada? ¿Acaso ya no tiene importancia lo que yo opine en esta casa?

Papá está muy enojado, como nunca lo había visto. Mamá balbucea nerviosa, ahora juega con su tenedor. No logra decir una palabra completa. Papá no me mira, solo frunce el ceño; mira al frente, mira la pared, mira cualquier cosa, menos a mí.

— Antonio. — Dice mi nombre después de otro profundo suspiro.

— ¿Papá?

— Ven aquí...

Me levanto del asiento y camino lento. Solo se escucha

el sonido seco del taconeo. Bien dice mamá que no es buena idea tener piso de madera porque no se limpia bien y se raya fácilmente, además del ruido que hace uno al caminar. Yo creo que es de lo mejor que me ha pasado, aunque sin darme cuenta ya lo he estropeado un poco.

Al estar cerca de papá lo miro directo a los ojos y él a mí. Hay un brillo extraño en su mirada. Me siento avergonzado. Él respira lento. No se mueve. Yo tiemblo de miedo.

Recuerdo que cuando era pequeño, sí, más pequeño, papá jugaba mucho con mis hermanos al beisbol.

Esteban tiraba la pelota en curvas perfectas, Silverio la recibía y Leonardo era buenísimo al batear y luego corría como venado asustado por todas las bases. Entrenaban los sábados y los domingos jugaban en la liga infantil local.

Con el tiempo, mi hermano mayor fue seleccionado para jugar en las ligas juveniles del estado y papá se puso contentísimo, prácticamente estaba cumpliendo uno de sus sueños frustrados con sus hijos. Aunque después, Esteban conoció a Amanda y se olvidó del deporte, tuvo que buscarse un empleo de medio tiempo para tener dinero e invitarla a pasear.

En casa no teníamos juguetes, estábamos llenos de pelotas, bates y guantes, además que tanto la ropa como los enseres de beisbol eran heredados por el hijo mayor al siguiente y luego al siguiente y por último me llegaba todo a mí ya usado, viejo y maltratado. Aunque yo no lo quisiera, era la herencia familiar.

En la temporada cuando, al fin, fui dueño de todo eso,

papá se preparaba para ser mi *coach* de bateo, pero en esos días consiguió un mejor puesto en la agencia de carros en la que trabaja y ya no tuvo el mismo tiempo que les dio a mis hermanos para enseñarme todos los trucos del deporte más popular de la región.

Con el paso de los meses, papá se convirtió en un hombre muy serio, sombrío y muy ocupado. Pasó de mecánico a jefe de operaciones, luego a vendedor estrella y, por último, a socio del dueño. Ya casi ni lo veíamos, por eso mamá trataba de que, mientras él no estuviera, todo marchara a la perfección, y cuándo él llegaba del trabajo todos nosotros seguíamos al pie de la letra lo que debíamos y no hacer.

Mis hermanos dejaron de jugar beisbol y ninguno intentó siquiera jugar otro deporte.

Yo no tuve el mismo amor que mis hermanos le tuvieron a esos cachivaches viejos, la única vez que los usé fue para hacerme un *outfit* para una pasarela futurista basada en la princesa de una película espacial que mis hermanos veían y luego los arrumbé de nuevo.

A mí no me gusta el beisbol, ni correr tras la pelota, ni siquiera me agrada escuchar las porras en las gradas, me avergüenza ver cómo se apasionan las mamás cuando miran *ponchar* a sus hijos en la caja de bateo y luego se los quieren comer a besos. "No pasa nada, bebé. Para la otra

vas a meter un jonrón". Yo no quería jugar beisbol, ni siquiera mirarlo de lejos.

Por otro lado, en el colegio nos obligan a jugar futbol, que tampoco me gusta, pero tengo que hacerlo porque
es parte de la calificación. Pero no tengo ánimo de correr
tras la pelota y meterla a la portería. Polito será muy bueno,
pero por más que me insista en enseñarme a jugar futbol y
hasta me diga cómo patear la pelota, yo no quiero. Ya me ha
dejado de hablar en varias ocasiones porque no deseo jugar
a lo que él dice. Una vez que su papá le puso una portería
con red de su jardín, yo la quité y me hice un vestido precioso y comencé a desfilar. "Deberíamos jugar mejor a esto, tú
podrías ser el fotógrafo", le dije haciendo una pose. Él me
miró extrañado y luego me tiró el balón en la cabeza. No, yo
no quiero eso, yo prefiero estar en mi habitación.

¿Acaso es tan difícil de entender? No me gusta el beisbol, no me gusta el futbol. No me gusta jugar con otros niños. Yo soy distinto. A mí me gusta soñar que soy otra persona. Me gusta el vuelo de una tela al caminar, el mezclar
colores, las formas que se logran al doblar la tela y unirla
con otra, los trazos, las texturas, crear belleza, usar som-
breros, accesorios, zapatillas de distintos colores, formas
y tamaños. Estar en una pasarela, caminar perfectamente,
sin titubear, sin ningún error, en equilibrio total. Eso sí es

arte, eso sí es pasión.

Me encanta creer que cuando sea grande voy a poder ser quién siempre he querido ser. Un gran modelo de pasarela, diseñar mis propias creaciones, que todo el mundo las use y que cuando pregunten que quién las hizo, digan mi nombre: Antonio. No, mejor *Antoine*, en francés se escucha mejor. Sí, eso seré. Me prepararé para poder lograrlo.

— Contéstame con sinceridad, — Suspira papá y con‐
tinúa. — ¿crees que eres distinto a los demás niños de tu
colegio?

— Sí, papá.

— Bien. — Una pausa acompañada de tragos amargos
atorados en la garganta. — ¿Te gusta ponerte zapatos de tu
mamá?

— Sí.

Otra pausa acompañada de algunos murmullos calla‐
dos por una mirada fulminante de papá.

— ¿Te has vestido con ropa de mujer?

— No, papá, aún no — Trago saliva. — aunque me gus‐
taría. Yo solo hago vestidos con sábanas, toallas y una vez
con el mantel de la mesa. Me gusta más usar sabanas por‐
que la tela es ligera y cuando caminas parece que vas volan‐
do. Con esas telas yo puedo crear mejores vestidos que los
que usa mamá. Además, los de ella ya están un poco viejos.

Mamá se pone más nerviosa y me envía su mirada
acusadora.

— Esto se está saliendo de control, Servando.

— Si no es hoy, Angélica, ¿cuándo? Tenemos que enfrentar esto. — Toma la mano de mamá y prosigue. — Yo también tengo miedo, no creas que no. Desconozco lo que tenemos qué hacer, pero es importante que lo hablemos con nuestros hijos. Luego tendremos una plática muy seria tú y yo.

Mamá guarda silencio de nuevo y afirma con la cabeza. Segundos después papá regresa a nuestra charla.


— Ya veo, Antonio, también eres de los que diseñan. ¿Quieres estudiar eso de grande?

— Sí. Eso creo.

Papá suspira. Sus ojos se humedecen, pero no brotan lágrimas. Luego traga saliva.

Hay un silencio incómodo. Papá piensa mucho lo que dirá a continuación. La respiración de mamá se acelera, parece como un tren echando humo. Mis hermanos también están paralizados esperando el siguiente paso. A mí me tiemblan las piernas y casi se me sale el corazón al escuchar a papá.

— Antonio, ¿quisieras ser una mujer?

— No. — Dudo, pienso en silencio y regreso a la charla. — No lo sé... Yo soy hombre. Me gusta ser así como soy ahorita, solo me gusta disfrazarme. — Hago una pausa rápida.

— No, espera. No, no es un disfraz. Es... es...

— ¿Estás seguro de lo que estás diciendo? Te escucho un tanto confundido...

— Espera, no estoy confundido.

— ¿Entonces?

— No lo sé aún. No es un disfraz. Es algo que creo que así debe de ser. Es algo que yo sé que soy. Quizás no conozco las palabras o tal vez no sé cómo explicarlo, pero eso es lo que soy. Así debo de ser.

— Estás muy chico para saber quién eres...

— Tengo 11, casi 12.

— Son pocos años, aún si tuvieras los de Esteban...

— Es verdad, papá. Pero lo sé desde hace mucho tiempo. La tía Marina también se dio cuenta.

— ¿La tía Marina? ¿Ella qué tiene que ver en esto?

— Este niño es especial. — Gritó la tía Marina mientras se medía el vestido de novia. Yo la observaba sin parpadear y con la boca abierta, parecía una princesa de carne y hueso. — Dime otra vez, Antonio, ¿te gusta mi vestido?

— Me encanta, tía.

— Lo sabía. Además de guapo tienes mucho sentido del gusto. Se me ve precioso, ¿verdad? Yo no lo quería blanco, cómo que ese color no va conmigo, pero tu abuela insistió.

— Sí, pareces la princesa de un cuento...

— Ah, qué cosas inventan los niños. — Interrumpió mamá, quien ayudaba a la tía a acomodarse el vestido.

— No, espera Angélica. Él dice la verdad.

— Y tú que no eres nada modesta, cuñada. — Contestó mamá con ironía. — Anda, déjate de cosas y ven acá.

Mamá, con gesto acartonado, sube el cierre trasero del vestido y luego acomoda las mangas. Parecía apresurada.

— Respóndeme una pregunta, Angélica, ¿por qué Servando y tú nunca tuvieron boda por la iglesia? Si mi hermano le hace caso a mamá en todo. Siempre fue el ejemplo de la casa. El consentido. Todo mundo esperaba que tuvieran una boda de ensueño. Todos mis hermanos lo hablaron y se estaban poniendo de acuerdo en qué iban a cooperar, pero la boda nunca llegó.

Mamá continuaba en silencio tratando de abotonar el vestido de la tía.

— Una gran decepción para nuestra madre, déjame decirte, por eso duró tantos años enojada contigo. Mal por ella, nunca va a cambiar. Y yo que soy la oveja negra, que hago caso omiso a los consejos de mi madre, mírame, aquí estoy cumpliendo una de sus reglas, solo para darle gusto, que porque soy la única mujer y debo salir de blanco. Yo no sé si quiero casarme. Sí quiero a Joaquín, no voy a mentir, pero eso del matrimonio no es para mí. Yo soy un alma libre. Aunque si es la única manera de que mamá me deje en paz, lo haré.

— Bueno, es que... — Mamá se pone nerviosa. — Eran otros tiempos y otras circunstancias.

— Sí, claro. — La tía Marina se carcajea. — Se comieron la torta antes de tiempo. La cigüeña se adelantó, dijeron. Después tuvieron uno tras otro y luego, después de varios años, llegó el pilón.

La tía me señala y me guiña el ojo.

— Tú y tus cosas, Marina. — Mamá se sonroja. — Antes era distinto...

— Sí ya veo. ¿Te gustaron las zapatillas que te regalé?

— Están bonitas.

— ¿Así? ¿Bonitas, nada más?

La tía Marina no se ve satisfecha con la respuesta de mamá. Sin embargo, me mira y de reojo me guiña el ojo de nuevo. Yo sonrío. Mamá parece darse cuenta de nuestro pacto secreto.

— Sí, muy bonitas. Sigamos, anda. — Mamá continúa con su labor de madrina de honor. — No tenemos mucho tiempo, ya es tarde y tengo muchas cosas qué hacer. A buena hora dije que sí...

A la tía Marina no le agrada el comentario de mamá.

— Pues ya estamos aquí y te aguantas. — Respondió molesta. — Me hubieras dicho que no desde el principio y me busco otra madrina.

— Pues yo creía que iba a ser tu amiga... ¿cómo se llama? ¿Rebeca? ¿Roxana?

— La tía Reja. — Interrumpí.

— Sí, ella, Regina. No la veo ayudando por ningún lado. Si eran inseparables. A todos lados iban juntas y de pronto la dejé de ver en las reuniones. ¿Acaso se pelearon?

La tía Marina guarda silencio. Continúa mirándose al espejo, parecía incomoda.

— Me acuerdo que tu mamá decía que Regina era muy mala influencia y, a lo que veo, tal vez sí…

— Ella… ya no es mi amiga.

La tía se vira y queda de espaldas a mamá. Se escuchan suspiros.

— Listo. Terminamos.

— Me queda bien, qué alivio. Yo pensaba que no me iba a quedar después de todo lo que comí en la despedida. Ya era hora de terminar.

La tía comienza a quitarse el vestido y mamá la reprende.

— Espera Marina, ¿qué te pasa? Estás casi desnuda. Aquí está Antonio. Te está viendo todo. Antonio, vámonos. — Me dice tomándome por la espalda y empujándome para la salida de la habitación.

— No pasa nada, Angélica, somos familia. Además, traigo ropa interior. Se va a asustar más si lo tratas así. A ti no te molesta, ¿verdad, Antonio?

No alcanzo a responder. Yo quería decirle que era la mujer perfecta, la más bella de todas, la princesa de todos los cuentos.

— Vente, Antonio. Te esperamos afuera, cuñada.

— Angélica, espera. ¿Acaso tú nunca te desvistes frente a tus hijos?

— Claro que no. Estás loca.

— Bueno, esta es una manera de decirle a tus hijos que somos seres humanos, que somos iguales, que esto es solo un cuerpo y que no tiene nada de malo. Imagínate que te enfermes, tú no tienes hijas y mi hermano no tiene tiempo de estar en casa, ¿quién te va a cuidar?

— Ya me las arreglaré.

— Qué tontería. — La tía sonaba molesta. — Es educación sexual.

— ¡Estás prácticamente desnuda! — Mamá se exalta. — Eso no es correcto.

— No seas anticuada, cuñada.

— No creo que esto le agrade a Servando.

— Mi hermano y tú deberían tener mente abierta. — La tía se vestía de nuevo con la ropa que llevaba; una falta de mezclilla deslavada, una blusa amarilla con los hombros descubiertos y unas botas negras arriba de los tobillos, con suela gruesa, sin tacón.

— Vamos, Antonio, salgamos de aquí.

Mamá y yo salimos del probador y la tía Marina, decepcionada, detrás de nosotros. Mamá balbuceaba molesta.

— Listo. Este es el bueno. — Le dijo a la vendedora.

Salimos de la tienda, luego subimos al carro de la tía; una camioneta destartalada que fue del abuelo y que era lo único de valor que le había heredado en vida. La tía encendió la máquina y, en el primer semáforo, paró la camioneta y luego voltea a verme.

— Escúchame, Antonio. La vida es muy difícil para las personas diferentes como nosotros. Sí, como nosotros. — La escucho atento. Mamá mira al frente con indiferencia. — La gente siempre hablará sin pensar en que si nos hacen daño o no. Siempre lo hacen y no se dan cuenta. Ellos creen que están en lo correcto. Piensan que tienen derecho a opinar sobre la vida de los demás y se escudan con que son "sinceros". Pero nadie les ha pedido su "sincera" opinión. Que no te afecten esos comentarios. Antonio, no dejes que nadie te diga qué hacer. Tú eres tú. Eres el dueño de tu vida. Sé honesto contigo mismo y con los demás. Haz siempre lo que te dicte el corazón y no lo que los demás quieren o esperan que hagas.

— Sí. — Digo entusiasmado. Y quiero responder de inmediato, hacer preguntas.

— Ay, qué cosas dices, Marina. — Interrumpe mamá. — Arranca por favor, ya está en verde. Servando está por regresar del trabajo y yo estoy atrasada con la comida.

La tía Marina arranca a toda prisa. Se nota enojada. Maneja rápido y en silencio, no voltea a vernos ni de reojo. Al llegar a casa, detiene el auto.

— Angélica. Sabes que tienes un hijo diferente al resto, ¿verdad? — La tía enfrenta a mamá.

— ¿Diferente? ¿Qué quieres decir? Mis hijos son normales. Nosotros hemos tratado de igual manera a Esteban, Leonardo y Silverio...

— Eso no tiene nada que ver. Me refiero a que Antonio, perdón, *Antoine*, no es igual a los otros tres.

Mamá suspira y luego de unos segundos, responde.

— Marina, te pido por favor ser prudente. Nosotros queremos a Antonio igual que a los demás. Eso de tratarlo distinto, porque tú crees que es diferente, solo va a provocar que se confunda más... Y no se llama Antu... Antu... ay, como se diga. Se llama Antonio.

— Yo no estoy... — Trato de hablar, pero mamá no me deja, pone su mano en mi hombro. Señal de que guarde silencio. Esta es una conversación de adultos.

— Lo ves. Apenas es un niño, no sabe ni lo que quiere. Esto se vuelve más complicado.

— Pero si ni siquiera lo dejas hablar, mujer.

— Mira, ya. Dejemos esto aquí. Estamos muy presionados por la boda. — Mamá sonaba molesta.

— Es que no quieres escuchar, Angélica. — La tía pierde el control. — Bien, lo hablaré con Servando cuando tenga oportunidad, porque contigo es imposible.

Mamá abre la puerta de la camioneta, baja y, sin mirar a la tía, espera que yo baje. En eso, la tía toma mi mano y me detiene antes de salir.

— Tú sí me entiendes, ¿verdad?

Yo respondo asintiendo con la cabeza.

— Antonio, te estoy esperando. — Dice mamá mirando en otra dirección.

— Anda, ve. Y no olvides lo que te dije. — La tía sonríe tiernamente, luego me guiña un ojo y yo le respondo con el mismo gesto.

— Nos vemos el día de la boda.

Las cuñadas se despiden de mala gana. Mamá me toma de la espalda y me lleva adentro de la casa. Y escucho que dice entre dientes: "Soy alma libre, cómo no".

Papá suspira fuertemente, como cuando recobras el aliento después de sacar la cabeza del mar luego de varios segundos sin respirar. Me mira a los ojos, se levanta de su silla y se acerca a mí quedándose en cuclillas. Su cabeza queda al nivel de la mía. Siento su respiración. Comienzo a temblar de nuevo, pero las manos fuertes de papá en mis hombros logran calmarme de inmediato. Miro a mamá. Ella se muerde los labios. Mis hermanos siguen agazapados detrás de un sillón en la sala. Una mirada profunda y directa. No sé qué va a suceder ahora.

— Antonio...

— Sí, papá...

— ¿Eres feliz usando los zapatos de mamá y las sábanas como ropa?

— Creo que sí...

— ¿Lo crees o lo eres?

— Lo soy. — Digo firmemente.

Papá suspira y luego une sus manos y comienzan a crujir sus dedos.

— Antonio, te enfrentarás a mucha gente que no estará de acuerdo con tus ideas, lo sabes ¿verdad?

— Eso ya sucede.

Papá me mira en silencio. Sus ojos ni siquiera parpadean, se tornan cristalinos, como cuando algo te duele muy adentro y no quieres que se den cuenta.

— Esta es, quizá, la única que vez que te lo diré.

Mi corazón late tan fuerte que va a estallar. Aquí viene el clímax de esta guerra campal. Papá contra mí, yo contra él. Miro cada poro de la piel de su rostro, nunca le puse atención antes, parece como si me mirara en un espejo que muestra lo que será mi futuro. No respiro.

— Soy tu padre y te quiero con toda mi alma. — Dice al fin. — Aunque no lo creas, vivo para ti, trabajo para ti, daría la vida por ti porque te amo con todo mi ser. Sé que a veces parezco enojado y que no me doy el tiempo para estar contigo o con tus hermanos. Tengo mucho trabajo y en mis ratos libres prefiero descansar, pero eso no significa que no te quiera o no me preocupe lo que te suceda. Desde hace mucho tiempo me di cuenta de que eres diferente a tus hermanos, pero desconocía qué tanto o tal vez no quería pensar en ello porque me daba miedo saber que no estaba equivocado. Y a lo mejor no lo entiendes, pero un padre ve a todos sus hijos de la misma manera, hasta que te das cuenta que no son iguales, que cada uno es especial y único. Ahora comprendo por qué nunca te gustó el beisbol y dejaste los arreos arrumbados en una esquina.

Estoy petrificado. Inmóvil. Escuchando cada palabra que sale de sus labios. Papá hace una pausa, respira profundo y continúa.

— Hace mucho tiempo atrás. Tenía un amigo que me recuerda mucho a ti, Antonio.

Todos en la sala guardamos silencio sorprendidos, ahí viene algo inesperado en este drama familiar.

— Era muy divertido, deveras. No podíamos estar cinco minutos callados sin carcajearnos de las ocurrencias que él hacía o decía. — Habla un tanto nostálgico. — Lo conocí cuando jugaba beisbol, él solo iba a echar porras. Se me hacía raro ver a un chico de mi edad gritando palabras de ánimo sin parar, sin conocer a nadie del equipo, además que desde lejos podrías verlo, usaba ropa muy llamativa, de colores que usualmente no nos poníamos los hombres. El mánager lo invitó a participar, luego de verlo ahí casi todos los partidos, pero él rechazó la oferta; no era lo suyo, decía. En aquel entonces yo veía a mis hermanos muy pequeños, aunque no les llevaba tantos años, y tu tía Marina aún no nacía, por lo que encontré en él a un cómplice de juegos. Era como mi hermano mayor, aunque fuéramos de la misma edad. Parecía más grande, sabía muchas cosas. Él me enseñó a fumar sin ahogarme, apenas teníamos como 15 o 16 años. Era el chico más atrevido y acelerado que he conocido. Nada le daba vergüenza. Para él todo era fácil y sencillo. Parecía desconocer la palabra "no".

Papá sonríe.

— Fue mi mejor amigo durante mucho tiempo. Compartimos muchos momentos importantes. Hicimos muchas travesuras. Pero todo cambió de pronto, una vez que estábamos haciendo una tarea en su casa, en su habitación, él se puso serio y luego me confesó que sentía "cosas" por mí. Sentimientos parecidos al amor. Yo me asusté muchísimo, me puse muy nervioso, nunca había escuchado a un hombre decir sentir algo así por otro. Eran otros tiempos. Era muy raro que un hombre fuera cariñoso con otro, ni siquiera un padre con su hijo; tu abuelo nunca lo fue conmigo ni con tus tíos, a lo mucho una palmadita en la espalda o un "cómo te fue en la escuela", y ya. Un abrazo, solo en tu cumpleaños o en el suyo, pero abrazar por abrazar, ni pensarlo. Eran los cariños de un padre.

Papá guarda silencio. Todos estamos inmóviles escuchando con atención.

— Reaccioné muy mal. Me pidió que me calmara, que era un chiste, que me iba a explicar todo, que tal vez no lo entendí. Yo me asusté mucho más y lo empujé. Él cayó a un lado de su cama y se golpeó la cabeza con el cajón de la cómoda, quedó inconsciente. Tomé mis cosas y, de inmediato, salí corriendo del lugar, como cuando metía jonrón en el campo del beisbol, corrí sin mirar atrás. Ahí demostré, una vez más, por qué decían que era el mejor corredor de la ciudad. Mi corazón se aceleró, no me detuve hasta llegar a casa. Estaba muy asustado, hasta creí que lo había matado. Luego supe que no, por eso, no volví a hablarle. Luego supe que lo inscribieron en la escuela y yo no le hablaba. Me daba vergüenza, me sentía culpable. Busqué nuevos amigos y cometí el error de contarle a uno de ellos y, aunque era un secreto, este nuevo amigo lo comentó con otros y así se convirtió en un chisme terrible que no pude parar. Eran otros tiempos.

Repite la frase mientras seca el sudor de su frente.

— No había mucha información. Nos daba terror lo que fuera diferente. Fui muy cobarde al huir sin escuchar lo que mi amigo me quería explicar. Al tiempo, él no pudo soportar las burlas de mis nuevos amigos y su papá lo sacó de la escuela. Pero yo sentía que algo estaba mal, que lo que decían sobre él estaba mal, que yo estaba mal, que lo que alguna vez me había dicho mi mamá sobre querer o no a otros estaba mal.

— La abuela... — Intento preguntar.

— La abuela estaba muy enojada. Decía que mi amigo era mala influencia. Que me dejara de cosas y me alejara lo más pronto posible de él. No hice caso. Fui a su casa para pedirle perdón. Quería decirle que estaba asustado, que no supe cómo reaccionar y que yo lo quería de verdad, como amigo, como un hermano. Como se quiere al mejor amigo de todos los tiempos. Quería explicarle que no entendía lo que él sentía pero que iba a escucharlo, a apoyarlo y defenderlo si era necesario. Pero al llegar a la puerta, su padre salió y, con palabras altisonantes, me corrió. Me dijo que no me acercara y que nunca más volvería a ver a su hijo. Un mes después se fueron y dejaron la casa vacía. Su padre cumplió la promesa.

Papá suspira. Su mirada es cristalina y su respiración se escucha fuertemente.

— Hace 11 años recibí una llamada por teléfono. Era él. No sé cómo consiguió el número. Dijo que regresaría a la ciudad por unos días y que me quería ver. Yo le respondí que tenía mucho trabajo porque me habían ascendido de puesto, pero que me daría el tiempo para verlo y tomarnos unas cervezas. Claro que sí. ¿Por qué no? Yo tenía mucho qué decirle. Pedirle disculpas. Sentía pena y al mismo tiem-
días pasaron y la cita nunca llegó. No
lad o no, al parecer no. No lo sé. Des-

pués me enteré que murió.

Papá hace otra pausa para tragar saliva. Se ve muy triste. A punto de llorar.

— ¿Sabes que te llamas Antonio por él?

— No lo sabía, papá. — Me sorprendo, miro a mamá y ella asiente con la cabeza.

Un silencio largo. Papá está quieto, sumido en sus recuerdos. Mamá y yo nos miramos en silencio, esperando que siguiera con la historia.

— Escúchame, Antonio. — Dice finalmente. — Desde hoy quiero que seas quién quieras ser, ¿entiendes lo que te digo? Esta es tu vida y tienes que vivirla como tú la quieras vivir. Yo seré tu cómplice, tu amigo y tu guía. Aún no entiendo mucho de este tema y hasta me asusta un poco, no sé cómo manejarlo, estoy aterrado, pero quiero aprender y me gustaría hacerlo, que me tengas confianza. Te prometo que no te dejaré solo.

Asumo con la cabeza. La mirada de papá brilla.

— Nunca dejaré que nadie te haga daño. — Continúa. — Si alguien te dice tonterías que te hagan sentir mal, me dices para ir a darle su merecido.

Papá estrella un puño en la palma de su mano, pero sonríe. Todos damos un pequeño brinco.

— Tus hermanos también cuidarán de ti, ¿escucharon? — Los busca con la mirada.

Esteban, Leonardo y Silverio salen de su escondite para hacer frente a la orden de papá y asienten con la cabeza.

— ¿Alguno de ustedes ha visto que molesten a su hermano? — Pregunta papá a mis hermanos.

— E-el otro día yo escuché a-a Po-polito, e-el hijo de la vecina. Dijo que n-no le gustaba jugar c-con Antonio porque e-era un gallina... — Leonardo contesta nervioso, raro en él porque nunca habla cuando está papá frente a él. — Bueno, d-dijo o-otra palabra más f-fea.

— ¿Y tú qué le respondiste?

— L-le dije que más gallina pa-parecía él...

— Y luego lo persiguió y se metió a su casa con la cola entre las patas. — Interrumpió Silverio con la boca llena. — Es un cobarde ese Polito. Yo también tengo ganas de darle unos coscorrones...

— Qué exagerados. Tampoco se trata de pelear. — Interrumpe mamá un poco más relajada. — Polito es buen niño, solo que es un poco rudo cuando juega.

— No lo defiendas, Angélica. — Papá calla a mamá. — Si ese mentado Polito molesta a Antonio, entonces se merece al menos un susto.

— O un guamazo. — Dice Silverio y después se esconde tras un pan que se está comiendo de postre, quién sabe de dónde salió ese bocadillo.

Mamá enchueca la boca. No le agrada que nos metamos en problemas con los vecinos.

— No, nada de golpes. Con eso no se arregla nada. — Papá se retracta. — Si el mentado Polito sigue molestando me dicen para hablar con su papá.

Todos los hermanos nos miramos decepcionados, luego sonreímos como respondiendo el chiste.

— Antonio, no vuelvas a ocultarme nada, ¿está bien? Confía en mí. — Finalizó papá.

Respondo moviendo la cabeza.

Todos estamos asombrados de las palabras de papá. Mamá usa una servilleta de tela para secarse las lágrimas que brotaron del último puchero que hizo. Mis hermanos se miran unos a otros. Yo estoy mudo, no sé qué decir. Jamás esperé que papá dijera esas palabras. Un cosquilleo recorre mi cuerpo. No puedo dejar de sonreír.

— ¿Seguro que quieres seguir usando zapatos de tacón? — Papá pregunta en un tono que no sé describir, parece chiste, pero también cómo que busca otro tipo de respuesta de mi parte.

— Creo que sí. Me gustan mucho estos. — Señalo las zapatillas rojas que la tía Marina le regaló a mamá y que traigo puestas.

Papá sonríe, se lleva la mano a la cara como dándose por vencido. Se acerca a mí y, ante los ojos atónitos de mamá y mis hermanos, me da el abrazo más cálido que jamás me había dado nadie. Burbujas de agua flotan en el aire, aparecen estrellas brillantes. Un ligero arcoíris se posa sobre el techo de nuestra casa, el jardín florece, aparecen mariposas revoloteando y pájaros cantando... Todo huele a felicidad, a amor verdadero. Y mientras me abraza me dice al oído: "Hijo mío, yo solo quiero verte sonreír. Si esto te hace feliz, entonces así será, te amo".

Un instante que se vuelve eterno.

Papá y yo solos, todo nuestro alrededor desapareció... que no se acabe este maravilloso día, pensé.

A lo lejos, mientras seguimos abrazados, escucho un fuerte golpeteo en la puerta de la casa y eso nos regresó a la realidad. La voz de Esteban, mi hermano mayor, despidiendo una visita inesperada.

— Era Polito, el vecino, buscando a Antonio. Le dije que no lo molestara si no se las vería conmigo. Salió corriendo con la cola entre las patas.

Todos soltamos la carcajada.

Estoy contento. Nunca creí que mis hermanos se interesaban en mí, pensé que ellos estaban "ocupados" en sus propias historias. Ahora me queda claro que ellos me defenderán si yo lo paso mal.

— Bueno, — Corrige mamá. — yo hablaré con su mamá y le pediré que esté más al pendiente de él. Y si veo que molesta a Antonio, entonces también yo lo reprenderé.

— Muy bien, esa voz me gusta. — Dijo papá entusiasmado. — ¿Qué sigue?

Papá toma un tenedor, mamá sabe que es el momento de servirle el postre. Yo lo miro incrédulo. El hombre recto y frío de pronto se convierte en un rostro amable; una mirada compasiva, en una tierna sonrisa, en un abrazo sincero.

— Angélica, estas zapatillas rojas estarán, de aquí en adelante, en la habitación de Antonio, y las podrá usar, por lo pronto, dentro de la casa cuando él quiera.

— ¿Solo aquí adentro? — Pregunto desilusionado.

— Sí, solo aquí.

— Pero, papá...

— Será temporal, mientras nos acostumbramos y hasta que aprendas a usarlas sin caerte. Ya después veremos.

— Pero, yo no me caigo...

— Todo a su tiempo, Antonio. Hay mucho que practicar y digerir.

— ¿Me pueden llamar *Antoine*?

— ¡Antonio! — Mamá parece ofenderse.

Papá hace una seña con la mano para que mamá se detenga.

— ¿Así quieres que te llamemos? — Pregunta extrañado. — Qué raro.

— Si es posible. — Respondo seguro.

— Antu... ¿qué? no creo saber pronunciarlo, pero haré el intento. Nunca había escuchado ese nombre. Solo que no quiero quejas de tu madre. Te portarás bien. Harás todo lo que ella diga. Si ensucias algo lo tendrás que lavar...

Asumo con la cabeza. Es un trato accesible. Mamá asiente con la cabeza mientras se dirige a la cocina. Papá sonríe. Silverio aplaude frenéticamente desde la sala, Esteban y Leonardo lo miran avergonzados. Silverio baja la intensidad del golpeteo de manos ante los ojos acusadores de los demás. Silverio tan imprudente.

Me siento de nuevo en la silla del comedor. Mis hermanos regresan y juntos tomamos nuestros tenedores. Mamá sabe que es el momento de servirnos el postre. Esteban le ayuda a servir. Mientras espero mi porción, estiro las piernas bajo la mesa y en la planta de mis pies, en mis dedos, en cada poro de mi piel, siento el placer que me da usar los tacones rojos de mamá, los que mi tía Marina le regaló, pero que secretamente iban destinados a mí. Celebro con una enorme sonrisa que a partir de hoy esos tacones serán míos, solo míos.

Estiro las piernas y con fuerza doy tres golpes con mis talones, así como cuando *Dorothy* choca sus zapatillas para regresar a casa. Y yo me estoy dando cuenta que siempre estuve en ella.

A partir de ahora seré *Antoine*.
El *Antoine* que quiero ser.
El *Antoine* que está listo para una nueva pasarela.

# Infancias LGBTQ+ en México

De acuerdo a la Ley General de los Derechos de Niñas, Niños y Adolescentes, las niñas, niños y adolescentes tienen derecho a la vida, a la paz, a la supervivencia y al desarrollo, además de tener derecho a la identidad, la igualdad sustantiva, a no ser discriminadas, a una vida libre de violencia y a la integridad personal, así como a la libertad de convicciones éticas, pensamiento, conciencia, religión y cultura, a la libertad de expresión y de acceso a la información, a la participación y a la intimidad, entre otros derechos (LGDNNA, Art. 13).

De acuerdo a datos de INEGI, publicados el 23 de junio de 2023, en México, de 97.2 millones de personas, el 5.1% de la población (5 millones), de entre 15 años y más, se autoidentifica con una orientación sexual y de género LGBTIQ+. De este porcentaje solo un 34.8 % (316 mil) se autoidentificó como transgénero o transexual y 65.2 % (592 mil) con otra identidad de género. Esto de acuerdo con la Encuesta Nacional sobre la Diversidad Sexual y de Género (ENDISEG) 2021.

Entre el 16 y el 22.2% de padres se molestaron al descubrir que sus hijos e hijas pertenecen a la Comunidad LGBTIQ+, así como entre el 9.8 y el 13.9% obligaron a sus hijos e hijas a asistir a un médico, psicólogo, entidad religiosa o institución con el fin de corregirle.

Así como hasta un 26.1% de personas LGBTIQ+ han pensado en el suicidio.

Consulta:

https://www.inegi.org.mx/

https://www.inegi.org.mx/contenidos/programas/endiseg/2021/doc/
endiseg_2021_resultados.pdf

https://www.diputados.gob.mx/LeyesBiblio/pdf/LGDNNA.pdf

## Sobre el autor:

Franko Yoshua Pineda Balcázar, o Yonshesko Blandela, nació en Mazatlán, Sinaloa, México, en la Navidad de 1980, cobijado por los discos de acetato, las telenovelas y los personajes que dibujaba para sus cómics.

Creativo, cumplidor de sus sueños y bicho raro. Dice ser muchas cosas y todo lo quiere hacer al mismo tiempo. Sus locuras lo han llevado por distintos caminos artísticos, medios de comunicación, el diseño gráfico y la literatura.

En su quehacer literario se encuentran novelas cortas que publicó en un periódico local, así como cómics y revistas.

Ha trabajado como diseñador gráfico, profesor de teatro infantil y ha pisado distintos escenarios.

Actualmente colabora en un periódico local y tiene su propia empresa de diseño y estampado personalizado.

Y, además, se cree *el muy muy*.

Otras obras del autor:

Novelas cortas:
(Publicadas en el periódico Primera Hora de Sinaloa de 2015 a 2017)
- Marea Roja
- Bajo Sospecha
- Área de Caballeros
- Entrelazadas
- Caravana
- Club de Ladys (Temporada 1 y 2)
- Cuenta Regresiva

Otros trabajos y colaboraciones:
- De tus Labios de Fuego
- Epifanía (Webcómic)
- No Somos Islas

(Participa con la reflexión: "Cuando todo acabe")
- Fragmentos del Pensamiento I

(Participa con el monólogo: "Serrucho")